Los 7 pilares de Éxito

Director

Cómo convertirse en un líder, inspirar a los empleados y llevar a tu equipo al éxito

Thomas Reus

CONTENIDO

Prólogo

Poder: una palabra que todos conocemos y por la que podemos imaginar lo que se esconde tras este término. Poder - la mayoría de la gente lo desea, pero no todo el mundo sabe cómo conseguirlo. Poder - tiene siete pilares importantes y puede tener efectos tanto positivos como negativos para los poderosos y los impotentes. Quiero darte conocimientos sobre el poder que no encontrarás en ningún otro sitio con tanto detalle. También te mostraré por qué casi nadie puede manejar realmente el poder. Si quieres obtener poder, no puedes evitar los **siete pilares:**

1. Resiliencia $\rightarrow$ Las personas que quieren ganar siempre se enfrentan a una competencia con la que tienen que lidiar;

2. Pasión $\rightarrow$ Para rendir, tienes que tener el deseo de rendir;

3. Autocontrol $\rightarrow$ el trabajo no debe ser sólo un trabajo, sino una vocación, porque eso aporta diversión;

4. Querida $\rightarrow$ Las personas son un motivo de alegría, lo que significa que tienes que querer crear algo junto a ellas;

5. Comunicación $\rightarrow$ alguien que quiere tener algo que decir también debe ser capaz de escuchar a otras personas;

6. Conocimiento $\rightarrow$ si quieres conseguir algo, necesitas saber cómo;

7. Ética $\rightarrow$ Si quieres llegar a la cima, tienes que hacerte valer frente a otros que intentan manipularte.

Como puedes ver, conseguir poder no siempre es fácil y manejarlo aún menos. No lo dudes más y empieza a adquirir los conocimientos necesarios sobre el poder. ¡Te garantizo que esto te acercará mucho más a tu objetivo!

Podrás hacerlo leyendo este libro:

A través de este libro aprenderás qué es y qué significa el verdadero poder. Aprenderás que tienes un gran potencial en tu interior para utilizar plenamente el poder. Con modelos teóricos tan singulares que podrías calificarlos de arma secreta, aprenderás a evaluarte con éxito a ti mismo y a tu entorno. Este libro también puede ayudarte a reflexionar sobre ti mismo mediante numerosos ejemplos y ejercicios. Para que puedas beneficiarte al máximo tanto en tu vida privada como profesional, descubrirás qué alternativas de acción tienes a tu disposición.

Los siete pilares nunca se consideran individualmente, ya que son un sistema que se basa, complementa y depende el uno del otro. Por tanto, es importante que te guíes por su estructura al leer el libro.

Capítulo 1: Información general

Poder - una palabra que mucha gente probablemente imagina que significa lo siguiente: Alguien es más poderoso, más fuerte, más listo que los demás y, por tanto, es el que manda o el que decide. Pero, ¿es eso realmente cierto? Para averiguarlo, primero deberíamos examinar más detenidamente el término.

Definición: Cuando hablamos de poder, nos referimos a **la capacidad de una persona para influir en los demás de tal modo que se subordinen y se comporten según los deseos de la persona que ostenta el poder.** En cierto modo, encontramos poder en todas las formas de nuestra convivencia. El poder **crea estructuras sociales de** distintas formas, **que tienen un potencial de influencia personal, social y estructural**. Sin embargo, también existen **formas extremas de poder**. En este sentido, el poder también puede considerarse como la capacidad de autoafirmarse. En este caso, los **objetivos se definen unilateralmente,** lo que **significa que no se tienen en cuenta** las **demandas de las personas implicadas**. En resumen: **mediante el poder asertivo, los impotentes deben someterse a los que tienen el**

poder.

Los que tienen el poder utilizan la amenaza del castigo para asegurarse de que los demás cumplan. También puede decirse que se les obliga a seguir lo que dicta la persona en el poder. La persona en el poder no transige ni dialoga con sus semejantes si muestran intereses contrapuestos o incompatibles: no le es necesario. El poder y la influencia deben distinguirse claramente aquí el uno del otro, aunque las transiciones entre ellos sean fluidas. Ambos son campos de significado que se describen así: "tener poder sobre alguien o algo" y "poder para hacer". Si consideramos el término poder como un concepto social de las ciencias sociales, el alcance de su significado es bastante controvertido.

Las relaciones de poder moderadas describen una relación de intercambio multilateral. Una de las partes siempre adopta la posición inicial, mientras que la otra adopta la posición negociadora. Sin embargo, esto es aceptado por ambas partes. La razón de ello pueden ser las oportunidades disponibles para ejercer influencia. Éstas son, por ejemplo Recompensa, conocimientos superiores o favoritismo. La otra parte se abstiene de oponerse y no hace nada contra el poder ejercido; tolera y acata este poder.

ESO ES TODO LO QUE HAY QUE DECIR SOBRE EL PODER:

El ámbito de acción físico y psicológico de una persona o incluso de todo un grupo de personas se define por el alcance de su poder. Los beneficios del poder, tanto en sentido positivo como negativo, dependen de cómo se utilice.

Si el poder tiene un efecto negativo y la persona en el poder utiliza conscientemente su poder aunque se den ciertas condiciones para hacer lo contrario, se habla de abuso de poder.

Siempre es necesario examinar detenidamente el poder para actuar y sus requisitos previos, porque aunque se utilice la coacción o la fuerza, no significa que siempre tenga un efecto negativo.

La forma de regular el uso de la fuerza física siempre es delegada por el Estado en una sociedad democrática. Por tanto, su tarea consiste en reconocer las funciones socialmente necesarias. El poder que existe en los sistemas democráticos siempre está regulado por una constitución y numerosas leyes.

ETIMOLOGÍA (CIENCIA DEL ORIGEN Y LA HISTORIA DE LAS PALABRAS Y SUS SIGNIFICADOS)

Si examinamos la palabra poder desde el punto de vista de su origen y significado, puede remontarse a dos raíces indoeuropeas que suenan parecido: mag- (formar, moldear, amasar, prensar). Este significado indica que se utiliza/utilizaba una herramienta, o en segundo lugar: magh- (hacer - poder, poder, poder). En este punto, hay una indicación de la conexión en la esfera social con respecto a una disposición sobre los demás y sobre uno mismo. Aquí también puede reconocerse la orientación hacia el futuro.

Si observas el lenguaje que se utiliza hoy en día, verás que aún resuenan la "cosificación" y la "personalización". Esta es la razón por la que el poder en nuestra sociedad debe entenderse como un concepto "relacional", es decir, un concepto que va unido a una relación con algo.

El significado de la palabra poder en alto alemán antiguo, eslavo antiguo y gótico es habilidad, destreza, capacidad. Está relacionada con la palabra machen. Por tanto, indica potencialidad. La palabra latina "potentia" (poder) procede de la palabra "posse". Puede traducirse como "ser capaz".

En general, siempre asignamos la palabra poder al campo de palabras del término dominación. Las siguientes palabras así lo sugieren: detentador del poder, toma del poder, cambio de poder o aparato de poder. Sin embargo, éstas también nos muestran que los detentadores del poder también pueden carecer de legitimación política.

Conclusión: La palabra poder denota algo fáctico. La autoridad y el gobierno se basan en fundamentos institucionales legitimados.

Capítulo 2: La historia del concepto de poder

El ejercicio político o legitimado del poder es sólo una manifestación del poder. Y, sin embargo, está en el centro de la formación de teorías y del pensamiento.

El primero en surgir fue la sofística griega (un grupo de hombres de la antigua Grecia que tenían conocimientos especializados en áreas teóricas o prácticas). Tenían una visión filosófica del problema del poder.

El diálogo de Melier (famoso episodio de la obra histórica "La guerra del Peloponeso") de Tucídides (historiador griego) trata de la cuestión del poder interno de la ley.

Los emisarios de la isla de Melos invocan la utilidad de los justos. Los atenienses, en cambio, representan la pura posición de poder de una gran potencia. En consecuencia, los derechos sólo pueden existir si hay igualdad de poder. El ejercicio del poder se basa, pues, en la naturaleza del hombre. Veamos el argumento de Platón con la posición sofista: aquí, los que parecen poderosos parecen más bien impotentes. Sus acciones no se guían por lo que parece ser lo mejor. En otras palabras, no harían lo que realmente quieren si supieran que es lo mejor.

Aristóteles también se ocupó del problema del poder. Le preocupaba la teoría del gobierno y la servidumbre asociada. El gobierno de personas libres sobre personas igualmente libres es el gobierno político, por oposición al despotismo (una forma de gobierno con un gobernante o jefe): Aquí, el gobernante y el gobernado se turnan.

En latín se distinguen **dos formas de poder**:

1) autoridad oficial (potestas = término inicialmente indefinido para cualquier poder real de control o toma de decisiones) y

2) Reputación (auctoritas = concepto romano de valor, desempeñó un papel importante en la política de la República Romana).

Aquí es exactamente donde entra San Agustín. Parte de la base de que no es posible que una persona gobierne sobre otras personas, sino sobre su falta de razón.

Tomás de Aquino (dominico italiano, uno de los filósofos más influyentes, teólogo católico más importante) restringe este ejercicio del poder a formas razonables de gobierno sobre los libres.

La pontentia es sólo una forma de potestas, según Guillermo de Auvernia (filósofo y teólogo escolástico). Sólo era eficaz si los subordinados mostraban obediencia.

Guillermo de Ockham (famoso filósofo, teólogo y escritor eclesiástico medieval) se centra en el poder de los seres humanos para apropiarse de la naturaleza sin dueño. Aquí, las personas gobiernan conjuntamente sobre la naturaleza. También cree que la propiedad es una importante fuente de poder en relación con la política. También es una base material para el poder coercitivo político. Éste es independiente del poder divino, pero requiere el consentimiento de los gobernados.

"Sométase todo hombre a la autoridad que tiene poder sobre él. Porque no hay autoridad que no venga de Dios; pero donde hay autoridad, es ordenada por Dios". - Roemer 13, Biblia de Lutero 1545

Marsilio de Padua va aún más lejos con respecto al ejercicio del poder espiritual. Dice que se trata de una contradicción en los términos. Para poder mantener la paz, sería un requisito previo importante que sólo existiera un poder. Y es precisamente este poder el que debe estar dotado de fuerza coercitiva. Por supuesto, a sus ojos, el poder puede derivar de Dios, pero para poder imponerlo realmente, tendrían que existir instrumentos de coacción. Lo más probable es que éstos se encuentren en una monarquía electiva.

Maquiavelo entendía que el poder era un hecho práctico en cuanto a sus efectos y no una legitimación como la autoridad. Esto sólo puede optimizarse tecnológicamente.

Jean Bodin cree que los soberanos deben fortalecerse mediante la adquisición de legitimidad. Sin embargo, esto no significa que un soberano esté obligado por las leyes para poder actuar.

Thomas Hobbes teorizó que todo ser humano tiene un poder natural de apropiación sobre la naturaleza. Esto incluye también las diferencias de poder y la idea de una pretensión de dominio de cada ser humano basada en el derecho natural. La guerra de todos y contra todos sólo puede evitarse concentrando el poder en un sujeto creado (el Estado). En su obra Leviatán, Hobbes elimina por completo el problema de la justificación del poder del marco de todas las teorías del poder.

El estado de naturaleza de Spinoza no proporciona ningún criterio normativo para el uso del poder. Dice que toda persona tiene el derecho natural de hacer todo lo que esté a su alcance. El derecho natural y el poder se equiparan así. Sin embargo, también es importante darse cuenta de que la virtud también está vinculada al poder. Cuando el poder se hace efectivo por sí mismo, aparece como virtud. Lo importante aquí es que las personas puedan disfrutar de él sin tener que vencer resistencias.

Immanuel Kant también se ocupó del concepto de poder. Cree que el gobierno personal debe equipararse al poder estatal de autoridad por la fuerza. A éste se le debe obediencia. Sin embargo, no se tiene necesariamente en cuenta la legitimación jurídica. En consecuencia, la violencia es un poder. Ésta es superior a la resistencia de otros poderes.

Las experiencias de la Revolución Francesa y el colapso político-militar de los pequeños estados alemanes desempeñaron un papel especialmente importante en los intentos de definir teóricamente el poder en términos de filosofía política. Ambos acontecimientos reflejan el radicalismo amenazador que desata la violencia a través del poder constitucional-monárquico. Al mismo tiempo, sin embargo, esto también se identifica con la unificación nacional y la centralización burocrática de la política del poder que se ha hecho posible.

Por ello, a principios del siglo XIX, la filosofía política de Fichte, Hegel y Adam Müller dirigió su atención a los requisitos de las posiciones de poder del Estado-nación y a los fundamentos espirituales, morales y religiosos de la legitimación del poder político.

A través de la influencia de su constitución republicana autoconcebida, Fichte acercó de nuevo el derecho y el poder. Para él, el concepto, que se convirtió en legitimación del poder estatal mediante un tratado, ocupó el lugar del poder estatal. En consecuencia, potestas y potentia ya no están separadas, sino unidas.

Adam Müller, en cambio, cree que sólo puede haber una creencia colectiva basada en el poder, en contraposición al poder físico.

La teoría conceptual de Hegel define el poder como poder en general. Esto significa que, a grandes rasgos, el concepto de poder significa que es el poder superior de los que están en el poder sobre los momentos subordinados. Aquí, el Estado representa el poder superior de lo general sobre la poderosa esfera del bienestar privado y el derecho privado.

El concepto de poder de Hegel es moderno en la medida en que se extiende interactivamente en el sentido de una relación entre dos partes. El poder puede terminar cuando se le opone un "no" y cuando se ejerce por la fuerza. Sólo puede ser absoluto como libertad.

El poder es mayor allí donde no se ve. A partir de esta idea, en el siglo XIX se desarrolló una transferencia muy creativa del concepto de poder a muchos ámbitos de la sociedad. El análisis de la religión es un ejemplo de ello.

Para Marx y Engels, la transformación de las relaciones de poder personales en concepciones fácticas del poder es el rasgo característico de la sociedad moderna. Esto se expresa a su vez en el poder del dinero sobre el trabajo, que es el fundamento de todo.

La voluntad de poder de Friedrich Nietzsche constituye un punto de partida diferente para teorizar. Para él, se trata de una fórmula de la relación entre el deseo, que es insaciable, un instinto altamente creativo, que representa un motivo elemental para todos los seres vivos y que, además, está más allá de cualquier juicio moral. En el siglo XIX, este concepto se desarrolló aún más en la oposición postulada entre la actividad vitalista y el refinamiento cultural. Esto fue especialmente evidente en las teorías elitistas antimarxistas, como las de Vilfredo Pareto.

Max Weber define el concepto de poder de la siguiente manera: "Poder significa toda oportunidad de hacer valer la propia voluntad dentro de una relación social, incluso contra la resistencia, independientemente de en qué se base esta oportunidad". Estas diferentes bases del poder están cada vez más diferenciadas.

Hannah Arendt cree que "el poder surge siempre que las personas unen sus fuerzas y actúan juntas".

En este capítulo has oído todo tipo de nombres de personas importantes. Sin embargo, como quizá no los conozcas a todos, me gustaría aprovechar esta oportunidad para mencionar quiénes fueron.

Spinoza * 24 de noviembre de 1632, Amsterdam, Países Bajos † 21 de febrero de 1677, La Haya, Países Bajos	• Baruch de Spinoza • Filósofo holandés • Hijo de inmigrantes sefardíes de Portugal • Se clasifica como racionalismo • Considerado uno de los fundadores de la crítica bíblica y religiosa moderna.
Esperanza	• Andreas Hoff • Sociólogo y gerontólogo alemán
Kant *22 de abril de 1724, Königsberg † 12 de febrero de 1804, Königsberg	• Immanuel Kant • Filósofo alemán de la Ilustración

	• Uno de los representantes más importantes de la filosofía occidental • La obra "Crítica de la razón pura" marca un punto de inflexión en la historia de la filosofía y el comienzo de la filosofía moderna

Abeto
  * 19 de mayo de 1762, Rammenau
  29 de enero de 1814, Berlín
	• Johann Gottlieb Fichte
	• Educador y filósofo alemán
	• Considerado el representante más importante del idealismo alemán

Hegel
  * 27 de agosto de 1770, Stuttgart
  † 14 de noviembre de 1831, Berlín
	• Georg Wilhelm Friedrich Hegel
	• Filósofo alemán
	• Representante más importante del idealismo alemán

Miller * 1956 en Löhne, Westfalia	• Ulrich Müller • Profesor de gramática y filósofo alemán

Marx
  * 5 de mayo de 1818, en Tréveris
  † 14 de marzo de 1883, en Londres
	• Karl Marx

	• Filósofo, economista, teórico social, periodista político alemán, protagonista del movimiento obrero, crítico del capitalismo y de la religión
Ángeles * 28 de noviembre de 1820, en Barmen (hoy distrito de Wuppertal), provincia prusiana de Jülich-Kleve-Berg † 5 de agosto de 1895, en Londres	• Friedrich Engels • Filósofo, teórico social, historiador y periodista alemán • Revolucionario comunista
Nietzsche * 15 de octubre de 1844 en Röcken † 25 de agosto de 1900 en Weimar	• Friedrich Wilhelm Nietzsche • Filólogo y filósofo clásico alemán
Tejedor * 1 de abril de 1864, Erfurt † 14 de junio de 1920, Múnich	• Maximilian "Max" Carl Emil Weber • Sociólogo y economista alemán
Arendt	• Hannah Arendt

* 14 de octubre de 1906, Linden-Mitte, Hannover 4 de diciembre de 1975, Nueva York, Estados Unidos	• Teórico político y publicista judío germano-americano
Bodin * 1530, Angers, Francia † 1596, Laon	• Jean Bodin • Considerado el primer teórico del Estado francés, fundador del concepto moderno de soberanía y uno de los primeros defensores del absolutismo con su obra sobre la teoría del Estado "Les six livres de la République".
Hobbes * 5 de abril de 1588, Westport, Wiltshire † 4 de diciembre de 1679, Derbyshire, Reino Unido	• Thomas Hobbes • Matemático, teórico político y filósofo inglés • Se hizo famoso por su obra principal "Leviatán" • Considerado el fundador del "absolutismo ilustrado".
Maquiavelo * 3 de mayo de 1469, Florencia, Italia † 21 de junio de 1527, Florencia, Italia	• Nicolás de Bernardo de Maquiavelo • Filósofo, diplomático, cronista, escritor y poeta italiano

	• Su obra "Il Principe" lo convierte en uno de los filósofos del Estado más importantes de la época moderna.
Marsilio de Padua * 1275, Padua, Italia † 1342, Múnich	• Teórico del Estado, político y publicista italiano
Guillermo de Auvernia * 1190, Aurillac, Francia † 1249, París, Francia	• Filósofo y teólogo escolástico
Guillermo de Ockham * 1285, Ockham, Reino Unido † 10 de abril de 1347, Múnich	• Famoso filósofo medieval, teólogo y escritor sobre política eclesiástica
Tomás de Aquino * 1225, Roccasecca, Italia † 7 de marzo de 1274, Italia	• Fraile dominico italiano, uno de los filósofos más influyentes, el teólogo católico más importante
Tucídides * 454 a.C., Atenas † 399/396 a.C., Atenas	• Historiador y estratega griego

Vilfredo Pareto
  * 15 de julio de 1848, París, Francia
  19 de agosto de 1923, Céligny, Suiza
	<ul><li>Vilfredo Federico Pareto</li><li>Ingeniero, economista y sociólogo italiano</li><li>Considerado un representante de la escuela de Lausana de economía neoclásica</li><li>Se dio a conocer como fundador de la economía del bienestar</li></ul>

Capítulo 3: Una medalla no sólo tiene una cara

Como ya se ha mostrado en el capítulo dos, el poder es un tema muy importante que siempre ha preocupado a la humanidad. No importa qué edad tenga una persona, a qué cultura pertenezca, si es hombre o mujer, todos quieren tener poder.

Si preguntas a otros sobre esto, la mayoría de la gente responderá: "No, no necesito poder y tampoco lo quiero". Pero, ¿por qué es así?

La razón es que el poder casi siempre se asocia con algo negativo. Los poderosos se aprovechan de los demás como un ratón de iglesia. Esto también se representa en muchas películas en las que hay reyes. Los reyes que suben los impuestos y no prestan atención a cómo le va al pueblo son vistos como mezquinos.

Sin embargo, no son sólo las películas con reyes poderosos y mezquinos las que conforman estas formas de pensar, sino también la gran cantidad de experiencias, que también pueden ser negativas, que una persona acumula en su vida.

Probablemente hayas oído decir que las personas que tienen mucho poder pasarían por encima de cadáveres, son ricas, pero se sientan en casa solas y solitarias. Desde luego, esta descripción no se aplica al poder. Y eso nos lleva al tema de este capítulo: una moneda siempre tiene dos caras, no sólo una. No estamos hablando de poder, sino de impotencia.

Esta impotencia, de la que la persona afectada probablemente no es consciente o sólo lo es inconscientemente, le hace creer que es poderosa. Y esto es exactamente lo que experimentamos todos los días. Los medios de comunicación informan de ello, lo experimentamos de primera mano en el trabajo, pero también puede ocurrir en casa. Muchas personas creen que son poderosas porque están más arriba que los demás, pero en realidad se sienten muy solas en su posición. El poder no tiene nada que ver con las cosas materiales o los puestos más altos, sino con cómo te presentas como persona y cómo te perciben y te aceptan los demás. Un líder al que todos temen cree que es poderoso, pero en realidad sólo está apartando a los demás y se siente solo. Un líder poderoso puede mostrar empatía y confianza hacia sus empleados y promocionarlos de forma óptima. Por tanto, la impotencia es omnipresente y nos hace creer que las personas tienen poder. Por esta razón, tampoco existe una imagen positiva del poder. Como resultado, la gente se está acostumbrando cada vez más a una impotencia agresivamente disfrazada y es precisamente esta impotencia la que domina la política y la economía.

También puedes decir que se trata de una copia barata del verdadero poder, o puedes describir este poder con la palabra poder controlador. Ahora te estarás preguntando cómo puede distinguirse este poder de la impotencia. Básicamente, es bastante sencillo, porque la impotencia es muy lineal. También puedes comparar el poder de control con una escalera en la que hay que asignar los peldaños individuales. Si quieres estar arriba, tienes que estar abajo para cada uno. Por tanto, cuanto más arriba llegue una persona, más abajo estará otra. Esto también se conoce como orden jerárquico y, en este orden, algunas personas harán lo que sea para ganar poder.

La persona que quiere ascender luchará a través de relaciones, logros y todo tipo de manipulaciones, y es lógico que pise a otras personas en el proceso. Incluso luchará con medios completamente distintos si le parecen necesarios, por ejemplo mediante la intriga. De este modo, perjudican a los demás y se aseguran ascender más en su carrera. Para los que desean el poder, el objetivo más importante es llegar a la cima.

Probablemente crea que el aire es mejor allí arriba que abajo. Si realmente fuera capaz de subir la escalera hasta la cima, se daría cuenta de que también está abajo otra vez, porque siempre hay alguien por encima de nosotros. En otras palabras, aún queda mucho camino por recorrer. Si una persona parece tener poder, otra es impotente. Aquí la cuestión de quién tiene realmente el cetro es muy interesante porque, como ya se ha dicho, no se trata de poder, sino de control, y el control es, por así decirlo, la imagen de la impotencia. Así que aquí no puede haber un ganador.

El poder tiene un significado diferente. El poder no debe crear ganadores y perdedores, sino ser capaz de provocar y posibilitar algo. Sin embargo, si no hay ganancia, el poder se distorsiona. Las personas tienen mucho potencial, pero cuando actúa el poder equivocado, este potencial no se realiza, sino que permanece oculto. Para encontrar una salida a este poder controlador, los implicados tienen que darse cuenta de que no se trata de "tú o yo", sino de reencontrarse y recorrer juntos el camino. Veamos **dos ejemplos:**

1) Hannah y María son maestras de guardería. Los niños no han ordenado bien la sala de obras y se han ido a casa con sus padres. Hannah debería haber terminado su trabajo. Ahora María tiene que ordenar la

sala de construcción ella sola. Hannah podría irse, pero ayuda a María porque compartir el trabajo es la mitad del trabajo. Así que no se estorban la una a la otra, sino que se ayudan mutuamente.

2) Brilla el sol. Tina quiere sentarse al sol y disfrutar del buen tiempo. A Lara también le gustaría sentarse al sol, pero no quiere ocupar el lugar de Tina. Pero Tina le pide que la acompañe, porque aunque sean dos las que se sientan al sol, todas toman suficiente sol.

Si Hannah se hubiera ido simplemente a casa, habría estado en el camino de María, lo que significaba que habría perdido mucho tiempo libre limpiando. Y si Lara se hubiera limitado a ponerse delante de Tina, no habría tenido más sol. Como resultado, ahora se puede aprovechar todo el potencial disponible.

¿Quizás tienes un jefe en tu oficina u organización que presume constantemente del importante puesto que ocupa? ¿Te hace sentir mal o incluso en desventaja? Puedo decirte enseguida que ya no deberías sentirte mal, porque un directivo es sólo humano y en ningún caso es mejor que nadie. Puede que tengan la sartén por el mango, pero lo cierto es que un jefe no es más que un ser humano como tú y como yo.

Si un directivo es impotente y se comporta de la forma que acabo de mencionar, esto es un problema para todos. Esto, a su vez, se aplica a todos los ámbitos posibles de la vida, como la familia, los amigos o el trabajo, e incluso el mundo entero. La impotencia de los supuestamente poderosos ya no es sólo su impotencia, sino la de todos. Y es precisamente en este punto cuando el poder se convierte en algo negativo.

Capítulo 4: La alimentación externa se apoya en la alimentación interna

Etimológicamente, el término poder se remonta a "magan", que es una palabra gótica. Se refiere a la capacidad de provocar algo. Esta capacidad no es ni positiva ni negativa, sino neutra. Los efectos positivos o negativos sólo se hacen visibles cuando la persona con poder actúa o no actúa. Por tanto, para poder evaluar los efectos es fundamental que el poder se utilice realmente. Por tanto, el problema no es el poder, sino la persona que no ha aprendido a manejarlo.

Pero, ¿cómo se aprende a manejar el poder? ¿Necesita una persona cualidades positivas para poder utilizar el poder de forma positiva? Encontrarás respuestas a estas preguntas en el siguiente texto.

En primer lugar, debemos diferenciar entre poder externo y poder interno. Cuando hablamos de poder externo, nos referimos a aquellas acciones que experimentamos como transformadoras. Esto incluye, por ejemplo, formas de poder como el poder relacional, el poder especializado o el poder informativo.

Normalmente se considera poderosa a la persona que ostenta las formas externas de poder. Así, cualquiera que ostente un cargo se considera poderoso. Por consiguiente, las formas externas de poder no son el potencial de la persona, sino del cargo. Las formas externas no nos dicen si la persona en el poder puede manejar realmente el poder de su cargo. Es el poder interior el que permite a una persona manejar adecuadamente las cualidades externas.

El poder interior de una persona se deriva de los 7 pilares del poder, de los que hablaremos con más detalle más adelante. Los 7 pilares son: Pasión, Amor, Comunicación, Ética, Conocimiento, Autocontrol y Fortaleza. Quienes tienen estas habilidades en su interior también son capaces de enfrentarse a las formas externas de poder. Por esta razón, es importante aprender a desarrollar tu propio poder interior, porque sólo quienes lo consigan podrán enfrentarse a las fuerzas externas y regularlas.

Si echamos un vistazo a los políticos, sabemos que mucha gente los considera muy poderosos y que tienen sus propias oportunidades de marcar realmente la diferencia. Sin embargo, por desgracia, muchos políticos tienden a presentarse como impotentes. Esto queda claro por las muchas guerras que se libran en el mundo para traer la paz.

Si acabas de leer esta frase, te darás cuenta de que el poder real está distorsionado. Pensemos en la educación de los niños: no le decimos a un niño que pegue al otro porque haya empezado primero. Así no se consigue la paz. Y lo que se nos presenta en el mundo también es manejado de la misma manera por la mayoría de las personas internamente. Las cosas que no quiero o que no funcionan como quiero, quiero deshacerme de ellas y no conservarlas más. Sin embargo, la psicología lleva muchos años enseñándonos que las cosas que apartamos nos alcanzarán tarde o temprano, porque se quedan atascadas en nuestro subconsciente de forma desagradable. En algún momento, sin embargo, estos aspectos escindidos de la personalidad resurgen. A esto también se le llama terrorismo en la propia psique. Así que puedes ver que esa política no puede funcionar.

Capítulo 5: Cuando los poderosos son impotentes

No es infrecuente que a un directivo se le arroje literalmente a lo más hondo. En muchas profesiones, a alguien se le da un ascenso sin decirle que el papel de directivo conlleva unos requisitos completamente distintos y únicos con los que primero tiene que familiarizarse. Puede que haya una falta de conocimiento sobre lo que es realmente el liderazgo. ¿Cómo si no se les ocurre a algunas personas la idea de ascender a alguien?

En consecuencia, el nuevo directivo ni siquiera sabe cuáles son sus tareas. Al fin y al cabo, no hay preparación para el nuevo directivo. Y ahora imagina cómo te sentirás cuando te lancen al vacío. Cuando digo que te lo imagines, quiero decir que lo visualices. Luego están las personas al borde de la piscina que te gritan preguntas, como por ejemplo por qué no nadas más rápido. Luego están los que te pedirán que por fin enseñes a tus colegas, en este caso las personas que son inferiores a ti, cómo se nada correctamente. Otros te gritarán que no deberías tragar tanta agua porque, al fin y al cabo, hay que ahorrar dinero.

Desde un punto de vista profesional, muchos directivos tienen mucho potencial, pero debido a la falta de preparación para el nuevo puesto, este potencial no puede aprovecharse plenamente. Por tanto, no es de extrañar que muchos directivos carezcan de poder y, sin embargo, se les siga calificando de poderosos. Aquí podemos decir que los poderosos son impotentes. Si buscamos la causa de este problema, en realidad deberíamos darnos cuenta de que es la falta de conocimiento sobre las tareas que realmente tiene que realizar un directivo. El hecho es que, en realidad, al menos el 70 % debería ser puro liderazgo y el otro 30 % debería ser trabajo técnico.

En consecuencia, es tarea de un directivo promover y dirigir a los empleados de modo que puedan trabajar bien profesionalmente. Sin embargo, si se da el caso de que el directivo también trabaja profesionalmente, los empleados no reciben esta energía. Los empleados no tienen la oportunidad de trabajar en sus tareas porque el directivo ya lo está haciendo. Así no se puede optimizar un equipo. Un buen ejemplo es el siguiente: Imagina que un director de oficina de una conocida empresa automovilística de repente quiere instalar él mismo un motor. Puede ser divertido de vez en cuando, pero esto debe seguir siendo un experimento aislado. Cada empleado de una empresa tiene su propia especialidad.

También ocurre que no puedes dirigir a tus empleados mucho más que a ti mismo. ¿Has aprendido a dirigirte a ti mismo? Los intentos de control y manipulación dejan muy claras las debilidades. Sin embargo, esto no es bueno para nadie, ni para ti como directivo, ni tampoco para tus empleados. La seguridad y la impotencia se sienten por ambas partes.

El hecho es que muchos superiores saben que muestran a los demás que son más poderosos de lo que realmente son. Exteriormente se presentan como una personalidad fuerte, pero interiormente parecen muy diferentes. Estas personas sienten un gran temor a que esto se reconozca. Para evitarlo, se crean una imagen fría. Sin embargo, esto puede resultar rápidamente arrogante, pero al principio es como un escudo protector para ellos. También podría decirse que la coraza dura brilla y puedes verla brillar desde lejos. Sin embargo, si te acercas, te darás cuenta de que por dentro es muy diferente.

Capítulo 6: Un buen gestor

Esta es una pregunta que probablemente se hacen todos los directores de RRHH. ¿Qué es lo que hace que un directivo sea bueno? Por desgracia, las respuestas a esta pregunta suelen ser decepcionantes. A esta pregunta hay que responder tanto al poder externo como al interno. El poder externo se refiere al directivo. Se trata de ampliarlo a nivel profesional con conocimientos y técnicas. El poder interno, por otra parte, se refiere a la madurez personal. Éste se refuerza mediante el desarrollo de la propia personalidad. Por tanto, la pregunta podría responderse así: un buen directivo es alguien que tiene la madurez personal para regular su poder externo. Si el poder interior de una persona está bien desarrollado, se dice que es un líder. En consecuencia, un buen dirigente es siempre una persona que se ha convertido en un buen dirigente.

Pero el hecho es que la tecnología por sí sola no basta. No basta con desarrollarse sin más formación, sino sólo a través de la experiencia. El lema "aprender haciendo" ya no es viable, y aunque hayas disfrutado de una buena formación técnica, eso no significa que sea una base fiable para hacer avanzar una empresa.

Pueden producirse interrupciones en el proceso de trabajo, por ejemplo debido a la falta de comunicación o a conflictos. Y probablemente también hayas experimentado que estas perturbaciones no pueden evitarse. También ocurre que las perturbaciones tienden a dejarse de lado, en lugar de trabajar conjuntamente de forma constructiva.

Incluso un especialista que haya recibido una formación óptima, pero que no conozca sus pautas de comportamiento, no puede seguir cumpliendo sus tareas. Por eso, para empezar a avanzar hacia un futuro mejor, muchas empresas optan por el "centro de evaluación", un método con el que se puede evaluar a los especialistas. Las empresas que avanzan con los tiempos saben que esto es sólo el principio y que el desarrollo de un directivo requiere mucho más que la formación en pautas de comportamiento.

El desarrollo del personal también significa desarrollo personal y éste es el resultado de la autoconciencia. Por tanto, no basta con practicar los comportamientos deseados. Es necesario ayudar a los directivos a enfrentarse a la realidad emocional. Por supuesto, el comportamiento puede ensayarse, pero esto sigue procesos internos. Y, como sin duda sabes, éstos ocurren inconscientemente y apenas pueden comprobarse, y sin embargo, en caso de emergencia determinan el comportamiento que muestras.

Me gustaría darte un **ejemplo** que describa la teoría.

Anja es la directora de una guardería. Es inteligente y competente, apreciada, bien educada y formada. Sabe exactamente cuáles son sus tareas y cómo puede cumplirlas mejor.

Sin embargo, también conoce sus puntos débiles y, aun así, a veces sus emociones se apoderan de ella. Entonces es incapaz de reaccionar adecuadamente. A veces se ve expuesta a situaciones que pueden ser muy difíciles. Sabe cómo reaccionar y, sin embargo, a veces golpea literalmente la mesa con el puño.

En tales situaciones, sus empleados se quedan perplejos y avergonzados. Anja es consciente de que no es un comportamiento adecuado. Por eso ha probado repetidamente otras opciones de comportamiento durante varios cursos de formación. Cuando se siente bien, también funcionan, pero si tiene un mal día, vuelve a caer en sus antiguos patrones de comportamiento. Sólo se da cuenta de ello cuando mira las caras de sus compañeros.

Pero, ¿cómo puede aprender Anja a no volver a caer en viejas pautas de comportamiento?

Debe haber alguien que le pregunte dónde aprendió este comportamiento en primer lugar. A veces se debe a experiencias embarazosas de la infancia. Tal vez fuera su padre, que solía dar golpes en la mesa, o alguien de su círculo íntimo de amigos. Es importante que Anja comprenda esto para poder cambiar su propio comportamiento de forma permanente.

No sólo se aprende a resolver problemas en los

seminarios de comunicación. Al fin y al cabo, a menudo hubo bastantes problemas en nuestra infancia en los que nos sentimos impotentes y tuvimos que resolverlos de alguna manera.

¿Has soñado alguna vez cómo sería si pudieras darle la vuelta a la tortilla? Imagina que fueras tú quien pusiera la piel sobre la mesa y no al revés.

De niño, a menudo tienes esos pensamientos. Sin embargo, cuando eres adulto, esos pensamientos tienen un significado emocional mucho mayor. Las soluciones que aprendiste de niño siguen teniendo un significado emocional, pero las que aprendes de adulto tienen un significado cognitivo.

Desgraciadamente, nuestra energía se encuentra en nuestro intestino. De ahí viene la expresión "tomo decisiones basándome en mi instinto". Pero, por supuesto, sería mejor tomar las decisiones con la cabeza. Con este ejemplo de Anja y las demás explicaciones, quiero mostrarte que no tiene sentido esforzarse por conseguir un comportamiento ideal que, de todos modos, no serías capaz de mantener a largo plazo. Es tu propia personalidad la que siempre se interpondrá. Una técnica recién aprendida sólo puede ser tan buena como la persona que la aprendió. Así que si quieres cambiar algo de tu comportamiento, es importante que hagas una autodeclaración.

Recuerda que la técnica y la autoexplicación deben utilizarse siempre juntas para que funcionen. Memoriza también que la fuerza externa e interna se necesitan juntas, ya que también se apoyan mutuamente.

Si quieres ser un buen líder, primero es importante que te conozcas mejor a ti mismo. Por supuesto, no siempre es fácil, pero te darás cuenta de que te resultará más fácil ser un buen líder si te conoces mejor.

Una vez que te conozcas mejor, también podrás mejorar tus propias habilidades, lo que a su vez repercutirá positivamente en tu situación personal y en tu capacidad para gestionar las relaciones. Y si todas estas áreas funcionan bien, también te resultará más fácil dirigir un equipo. La diferencia radica precisamente en si sólo finges ser un buen líder o si realmente lo eres. Rápidamente te darás cuenta de que ya no te preocupa si eliges las palabras adecuadas o si tu lenguaje corporal es apropiado, simplemente lo eres. No tienes que cambiar tu carácter en el proceso, sino que simplemente lo estás desarrollando constantemente.

Capítulo 7: Estado yoico y personalidad

Muchas personas que ocupan un puesto de liderazgo desean, naturalmente, desempeñarlo lo mejor posible. Sin embargo, que su comportamiento, su forma de dirigir a un equipo, sea realmente eficaz depende siempre de su propia personalidad y de cómo ésta se ponga en juego. ¿Eres un directivo? ¿Te has preguntado alguna vez si realmente aprovechas tu potencial? ¿Lo que aportas al equipo favorece un buen trabajo en equipo? Antes de empezar a analizar tus pautas de comportamiento, primero debes conocer las estructuras de tu personalidad. El modelo del estado del ego constituye la base para analizar la operación. Este modelo, que trata de la personalidad humana, describe las estructuras de los sentimientos, pensamientos y comportamiento de una persona y comprueba si son fieles a la vida y prácticas.

Se distinguen tres estados del yo, que son muy complejos. Y son precisamente éstos los que forman la estructura básica de la personalidad de una persona. Lo que hace única a cada persona es cómo se caracterizan los estados individuales y la energía con la que actuamos en las situaciones individuales.

Este modelo está construido exactamente igual que el muñeco de nieve. Consta de tres esferas. El estado del ego infantil K constituye la base. Todos hemos sido niños alguna vez y las cualidades que ya teníamos de niños permanecen con nosotros. No importa la edad que tengamos ahora. Cuando estamos en el estado del ego infantil K, nuestro pensamiento, comportamiento y sentimientos son exactamente los mismos que en nuestra infancia. Unas veces éramos tímidos, otras salvajes y juguetones y otras nos fascinaban las cosas. ¿Conoces el dicho "el niño en el hombre"? Eso es exactamente lo que significa. Todo el mundo tiene un niño interior que a veces ríe o llora, piensa de forma creativa e intuitiva o actúa espontáneamente, y a veces intenta manipular a la otra persona. Imagina a un hombre trajeado en cuclillas en el suelo intentando poner en movimiento un coche de juguete. En ese momento, ves al ego infantil K en acción.

De niño, todo el mundo aprende de sus padres o de otros adultos de su entorno cómo debe comportarse. Si lo miramos retrospectivamente, entonces ya había alguien por encima de nosotros en la escalera. La bola de nieve superior es, por tanto, el ego EL de los padres.

Esas instrucciones, normas, permisos o incluso principios que nos enseñaron nuestros padres están profundamente interiorizados en nuestro yo EL paterno. También se podría decir que hemos almacenado como una copia todo lo que experimentamos y nos dijeron en la infancia. Y todo ello puede ser invocado tantas veces como queramos. A veces nos comportamos como vimos y oímos comportarse a nuestros padres. Hemos almacenado inconscientemente algo de esto para nosotros. En las situaciones adecuadas, utilizamos este conocimiento casi automáticamente, sin reflexionar sobre ello. Quizá tú también hayas vivido situaciones en las que utilizaste un determinado comportamiento pero ni siquiera sabías el motivo. Y, sin embargo, te comportaste exactamente igual. Si te preguntaran por qué, probablemente tu respuesta sería: "Es lo que se hace". ¿Sabías que palabras como "deberías" o "tú" son palabras típicas del ego paterno EL? Un comportamiento típico del ego paterno EL podría ser, por ejemplo, el dedo índice extendido.

Y si ahora imaginas que sólo existen estas dos instancias, sabes que no puede funcionar, porque si piensas en tu infancia, lo que quieren padres e hijos nunca es lo mismo.

Por lo tanto, corresponde al ego adulto ER decidir qué dirección tomar. Las preguntas sobre lo que realmente tiene sentido o lo que hay que hacer desempeñan aquí un papel importante.

El ER ego adulto forma la esfera central de nuestro muñeco de nieve. Y como se encuentra en el centro, también puede describirse como un amortiguador, ya que armoniza a los otros dos. A través de nuestro ER ego adulto, la realidad también se experimenta en el aquí y ahora. Esto nos permite absorber y procesar la información. Con esta esfera, podemos reconocer las conexiones, sopesar las cosas y, en última instancia, sacar nuestras conclusiones. Esta es la base de nuestras decisiones.

Gracias al ER del ego adulto, nuestro comportamiento es lógico, objetivo y coherente. Podemos describir percepciones, podemos explicar conexiones incluso sin estar implicados. Sin embargo, si nosotros mismos estamos implicados, es difícil mantener esto. Es fácil afirmar que se trata de una decisión adulta, pero a veces no es así en absoluto. Aquí es donde entra en juego el ego infantil K y se inventa buenas razones para rebelarse. Cuando el ego padre EL está activo, reprende. Si estás en el ego infantil K, pero afirmas otra cosa, se trata de un enturbiamiento. En este caso, el ego adulto ER está superpuesto por uno de los otros dos estados. Esto significa que hay muy pocas posibilidades de que realmente cumplas tus propias tareas adecuadamente.

7.1 EL YO PADRE

Es cualquier cosa menos agradable para los empleados que un directivo actúe movido por su ego paternal. Un directivo siempre sabe lo que quiere conseguir. Esto no es algo malo al principio, pero como se mencionó en el capítulo tres, siempre hay dos caras de la moneda. Para conseguir su objetivo, el directivo puede ser sobreprotector o igualmente crítico con el hecho de que no lo consiga. Los directivos que son sobreprotectores tienden a quitar de las manos de sus empleados todas las cosas esenciales y a llevarlas a cabo ellos mismos. Al hacerlo, sólo quieren conseguir una cosa, proteger sus propias capacidades. El resultado es que los trabajadores se ven reprimidos. No se les da la oportunidad de desarrollar su propio potencial y adquirir experiencia. Nadie quiere soportar eso. Por tanto, los empleados lucharán contra ello. Sin embargo, algunos empleados se adaptan al comportamiento del jefe y, por desgracia, llega un momento en que realmente creen que no pueden hacer ciertas cosas. Como resultado, ellos mismos trabajan con menos eficacia.

Sin embargo, hay jefes con ego de padres mucho más sobrecríticos. Puedes reconocerlos por el hecho de que disfrutan criticando e incluso reprimiendo a sus empleados, lo que, por supuesto, sólo hacen por su propio bien. Los jefes con ego de padre sobrecrítico están firmemente convencidos de que son la persona más importante de la empresa y de que sólo cuentan sus decisiones. Los empleados que no quieren exponerse a estos directivos abandonan el trabajo muy pronto o se callan. Ninguno de los demás empleados mostrará iniciativa ni asumirá responsabilidad personal, porque su objetivo es sobrevivir a la rutina diaria de trabajo bajo estos directivos.

Los directivos tienen el deber de apoyar a sus empleados, animarles en los momentos difíciles y confiar en sus capacidades. Es obvio que un directivo con un ego paternalista, ya sea excesivamente crítico o sobreprotector, no puede cumplir esta tarea. Por tanto, los empleados no reciben apoyo ni estímulo. Sin embargo, como los empleados quieren evitar una disputa -al fin y al cabo, muchos piensan que a un jefe hay que mostrarle respeto y es más probable que se le crea ante autoridades superiores-, no dicen nada y se dejan intimidar por el directivo. El resultado es una resistencia pasiva y una pérdida de autonomía. Todo empleado expuesto a un directivo así sólo quiere huir.

7.2 EL YO NIÑO

Si tienes un jefe que actúa principalmente desde el ego infantil, es igual de difícil. Por supuesto, puede ser agradable tener un jefe que se comporte como un buen amigo, pero también puede ser difícil. A los directivos que actúan desde el ego infantil les resulta muy difícil tomar decisiones. Les conviene actuar de forma muy espontánea. Esto es muy estresante para los empleados. ¿Te preguntas por qué? Imagina que tu jefe dice algo y todo el equipo está de acuerdo, pero al día siguiente no se aplica ni una palabra. Pasado mañana, ni siquiera recuerdan que lo dijeron y te exigen a ti y a tus compañeros algo completamente distinto. Nadie quiere eso.

A los jefes niño-yo también les gusta expresar sus estados de ánimo al mundo exterior y muy a menudo dejan que sus empleados los perciban.

Los niños a veces son muy tímidos y reservados. Un niño líder del ego también puede ser así en determinadas situaciones. No es raro que esperen a ver qué tiene que decir la autoridad superior. La tarea de un directivo es actuar como modelo para sus empleados. También debe estar en condiciones de tomar decisiones. Si el directivo es incapaz de hacer todo esto, se hace difícil para el personal que depende de él y puede provocar una enorme frustración.

Si tienes un jefe niño-yo, rápidamente se hace evidente que no puede hacer frente a la responsabilidad que se le asigna y a la gestión de un equipo. Esto, a su vez, lleva a que los empleados intenten tomar la iniciativa, porque la empresa tiene que funcionar de alguna manera. Esto conduce muy rápidamente a la agresión. La relación entre el personal y el jefe real ya es cualquier cosa menos ideal. Por tanto, no es censurable que un equipo intente deshacerse de ese directivo.

7.3 EL YO ADULTO

Si un directivo comprende realmente sus tareas y las domina sin problemas, es porque su ego adulto no tiene ninguna nubosidad. Este líder es capaz de pasar por los tres estados del ego en cuestión de segundos y también de controlarlos.

Un líder así es capaz de reconocer su rebelión interior y, entonces, dirigirse conscientemente desde el estado del ego infantil K hacia el estado del ego adulto ER. Sólo así puede cumplir las exigencias que le esperan como líder.

Para ello, es importante conocer los estados del ego personal. Además, el directivo también debe ser capaz de controlarse a sí mismo. Sólo así podrán evitar ceder a la rebelión que desencadena en ellos su estado de ego infantil K. Si quieres ser capaz de controlarte y conocerte mejor, el entrenamiento es importante, pero también lo es la autoiluminación.

Capítulo 8: Expectativas emocionales de los directivos

Para todo trabajador, la dirección de una empresa es similar a un padre. Se sitúan por encima de nosotros y nos dicen lo que tenemos que hacer, igual que hacían nuestros padres. Cuando eres niño, adquieres experiencia de lo que es ser dirigido. Estas experiencias nos acompañan durante toda nuestra vida. Una vez que has encontrado trabajo, el jefe es la "gran persona" que está por encima de ti. Los empleados son "los pequeños". Todos hemos tenido diferentes experiencias en casa. En función de cuáles sean, nos comportaremos también en nuestra relación laboral. Cada uno se comportará entonces como lo hizo de niño y se mostrará ante el directivo como lo hizo ante sus padres. Como los directivos también son distintos, se restablecerán los viejos patrones de la relación. Al principio, el trabajador espera que el directivo se comporte como sus padres. En consecuencia, el empleado vuelve inicialmente al ego infantil K. Luego depende de la intensidad con la que reaccione el directivo. Si el directivo reacciona con firmeza, el trabajador se sentirá inconscientemente reforzado en su comportamiento de ego infantil.

E incluso si el jefe es tan cariñoso o tan estricto en sus exigencias como su propio padre, el empleado seguirá reaccionando desde el ego infantil K. El motivo es que es exactamente ahí donde se le refuerza emocionalmente. El motivo es que se le refuerza a nivel emocional. Como resultado, el empleado no puede asumir responsabilidades ni actuar por iniciativa propia.

Los directivos se preguntan a menudo qué les pasa a sus empleados y establecen comparaciones con su vida privada, que suelen gestionar. Por supuesto, cada uno gestiona su vida privada, cada uno a su manera. Así que la cuestión aquí debería ser probablemente cómo construir una relación sana entre ellos. Por tanto, los directivos tienen que averiguar qué pueden hacer para ayudar cuando uno de sus empleados está en su yo infantil y permanece allí.

Otra tarea del directivo es adelantarse a este respecto. El directivo debe ser capaz de reconocer el desajuste entre ambas partes. Así, si el directivo tiene éxito y también reconoce que el empleado se ve a sí mismo en el ego infantil K, aún debe ser posible que actúe desde el ego adulto ER.

Si el directivo se comporta desde la RE del ego adulto, también apelará a la RE del ego adulto en el empleado. Esto permite al empleado contribuir con todas sus competencias. Así se fomenta la cooperación y el pensamiento independientes. Si el directivo lo consigue, será recompensado muy generosamente por su empleado, ya que entonces demostrará que puede actuar bajo su propia responsabilidad, demostrar automotivación y actuar por iniciativa propia.

Capítulo 9: El arquetipo

Algunos empleados atribuyen subconsciente y automáticamente un papel parental al directivo. Aquí es donde la cosa se pone muy emocionante, porque esto ocurre con un propósito muy concreto, aunque sea subconsciente.

Esto plantea la cuestión de qué esperas realmente de un puesto directivo en tu fuero interno. Esta esperanza interior corresponde a la imagen interior que tenemos de una persona. Esta imagen también se denomina arquetipo. Otra explicación es que se trata de los motivos que tiene el alma humana. Éstos existen en todas las culturas y en todas las personas. Ya sea en los deseos, en los sueños o en las acciones, estas imágenes pueden observarse una y otra vez.

La gente suele pensar que todos los empleados sólo trabajan por dinero. Pero si somos sinceros y abrimos los ojos, la gente también trabaja por reconocimiento. Este reconocimiento puede verse, por ejemplo, como una retroalimentación sobre el rendimiento o un reconocimiento por determinadas funciones. Todo el mundo tiene una necesidad básica de que otras personas cumplan un determinado papel en su vida. Todo el mundo espera en secreto conocer a una persona que cumpla sus propias expectativas. El líder cumple uno de estos papeles. Un líder corresponde al arquetipo del mentor.

Analicemos más detenidamente la palabra "mentor". Por ejemplo, a Telémaco, que emprende un largo viaje, le acompaña una figura que le protege y que se llama Mentor.

En esta historia, el arquetipo suele verse como un sabio o consejero. Su figura representa la madurez y el conocimiento. Apoya al joven viajero en sus aventuras y en el dominio de su propia vida.

Si comparamos este mito con la vida normal, cada empleado es su propio héroe. Cada uno supera la vida a su manera. Todos quieren tener a alguien a su lado que les proteja y les apoye. Un mentor debe prepararles para su futuro camino, enseñarles algo, formarles y también ponerles a prueba. Esto da confianza a cada uno y le ayuda a superar sus propios miedos.

Es normal que todos los empleados tengan puntos débiles. Éstas se compensan con los puntos fuertes del directivo. El directivo proporciona al empleado la energía que le falta para poder cumplir realmente sus propias tareas. El directivo también ayuda a los empleados a seguir desarrollándose. Aquí también queda claro que el directivo debe apoyar a sus empleados por igual.

Por tanto, una imagen interior positiva del empleado es de gran importancia para el directivo. También puede decirse que se trata de una imago que corresponde al estado óptimo del empleado. Si es cierto que la imago puede cumplir sus tareas y seguir desarrollándose, entonces este empleado también puede hacerlo. Si un directivo ve a sus empleados como limitados, esto lleva a que sean frenados por el directivo. Sería una lucha diaria para poder seguir desarrollándose, porque el empleado lo sentirá así. Si los demás no confían en ti, te resultará aún más difícil confiar en ti mismo. Por tanto, el papel de un mentor puede tener un efecto protector sobre el empleado, pero también puede ser peligroso. Un mentor debe motivar e inspirar a sus empleados. Si desempeñas un papel de mentor, debes ser capaz de guiar y formar al empleado. Esto ayudará al empleado tanto en la vida como en el trabajo.

El hecho es que esta figura arquetípica tiene un poder de sugestión muy fuerte *. Y, por desgracia, se explota con demasiada frecuencia. Una persona bastante débil de conciencia caerá muy rápidamente en la manipulación.

Adolf Hitler, por ejemplo, fue uno de estos mentores pervertidos. También puede decirse que era un monstruo tiránico que intentaba ocultar la impotencia en la que se encontraba. Para ello utilizó el poder del control.

Es típico de tales tiranos que estén ávidos de control y se apoderen de todo para sí. El daño que causan es muy grande. Esto se aplica a toda su esfera de influencia, por ejemplo el hogar, una empresa o un solo departamento. No importa lo bien que funcione la empresa. El ego del matón está muy inflado. Esto es una maldición para su entorno, pero también para sí mismo. Su ansiedad le hace estar siempre apurado y en movimiento, porque tiene que intentar combatir la agresividad. Si no lo consigue, la gente se dará cuenta de lo incontrolablemente codicioso que es. También podría decirse que se aterroriza a sí mismo. Los tiranos a veces creen que persiguen buenas intenciones, pero la verdad es que en realidad están causando maldades.

Y exactamente lo que acabo de describir es a menudo la imagen que la gente tiene de las personas en el poder o incluso del poder mismo.

---

*(capacidad, potencial o habilidad de un medio o representación para influir sugestivamente en los pensamientos, sentimientos, deseos o acciones de una persona)

Pero también hay mentores positivos, como Gandhi o el Dalai Lama. Estos dos también han movilizado a las masas. Muchas de las cosas que demuestran estas personalidades maduras pueden compararse con el modelo de conducta que toda persona anhela: un mentor que aporte significado y transmita fuerza y sabiduría. Estos dos se corresponden en gran medida con el arquetipo de líder. Cualquiera que siga su propio camino puede convertirse en mentor.

9.1 LOS ARQUETIPOS SEGÚN JUNG

Se le considera el disidente más famoso del psicoanálisis clásico. Al principio estudió a Freud, pero en algún momento empezó a desarrollar sus propias ideas sobre el inconsciente colectivo. Cualquiera que ya haya estudiado a Jung sabrá que algunas de ellas eran revolucionarias. Jung también teorizó sobre los arquetipos. Según él, hay muchos diferentes. Me gustaría presentarte doce de ellos con más detalle.

Estudió diversas culturas, especialmente sus mitos y símbolos. Lo que representan los doce arquetipos siguientes son pautas de comportamiento. Constituyen distintas formas de ser. También existen como imágenes o símbolos culturales en el subconsciente colectivo.

"No te iluminas imaginando figuras de luz, sino dándote cuenta de la oscuridad. Sin embargo, este último método es desagradable y, por tanto, no es muy popular." -
Carl Gustav Jung

En su definición, queda claro que los doce arquetipos crean imágenes que tienen un significado emocional para nosotros, los humanos. Pretenden expresar el proceso de nuestras vidas. En otras palabras, puede decirse que los arquetipos reflejan nuestro inconsciente y sirven para definir las características especiales que poseen todas las personas.

El sabio

Es un librepensador cuyo intelecto y conocimiento constituyen la base de su vida. Con esta base, quiere comprender el mundo y su existencia. Para ello utiliza su capacidad de análisis y su inteligencia. No importa en qué situación se encuentre, siempre encuentra una cita adecuada o un argumento lógico.

El inocente

Probablemente ha leído todos los libros de autoayuda. Ha absorbido literalmente el contenido porque siempre es optimista y siempre está en busca de la felicidad. Ve lo bueno en todos y en todo. Quiere sentirse bien en su entorno. Pero también quiere pertenecer y agradar a los demás.

El explorador

No se le considera un viajero atrevido. Siempre está abierto a lo nuevo y sigue su propio camino sin tener un destino claro en mente. Explorar nuevos lugares y descubrirse a sí mismo son sus grandes pasiones. Sin embargo, también busca la perfección, por lo que nunca está satisfecho.

El gobernante

Se le considera el líder clásico. En su opinión, es él quien debe llevar siempre la iniciativa. Es muy firme en sus opiniones y acciones. Su objetivo es que todos sigan su ejemplo. Para él, hay muchas razones por las que todos deberían escucharle. Como es muy ansioso, el gobernante también puede convertirse muy rápidamente en un tirano.

El creador

Le encanta lo nuevo y tiene un profundo deseo de libertad. Cambiar las cosas para poder crear algo nuevo es otra de sus grandes pasiones. Es inteligente y autosuficiente. Se caracteriza por su buen humor constante y su ingenio. A veces sería mejor que pensara las cosas más detenidamente antes de pasar a la acción.

El cuidador

Cuando se compara con sus semejantes, se siente más fuerte a nivel mental. Ofrece protección maternal a los que le rodean. Como quiere proteger a sus allegados, intenta constantemente evitar peligros y riesgos que puedan afectar a sus semejantes. En casos extremos, sin embargo, también puede convertirse en un mártir para mostrar a los demás los sacrificios que ya ha hecho.

El mago

Su forma de pensar se asemeja a la de un gran revolucionario. Renueva su entorno no sólo para sí mismo, sino también para los demás. No se queda en un sitio, sino que cambia constantemente. Lo negativo de este tipo es que su estado de ánimo puede transferirse fácilmente a los demás. Si está de mal humor, por ejemplo, no pasará mucho tiempo antes de que las demás personas que le rodean también lo estén.

El héroe

Un héroe quiere el poder y su vida se centra en ello. Su resistencia y vitalidad son muy poco habituales.

Lucha por el poder y el honor con ambos. Hace todo lo posible para no perder. También es cierto que nunca se rinde, y por eso nunca pierde. Por desgracia, a veces es demasiado ambicioso y controlador.

El rebelde

Este tipo siempre cruzará la línea. No le interesan las opiniones de los demás. Prefiere provocar a los demás. También podría decirse que nada a contracorriente. No quiere verse presionado ni influenciado por los demás. Por desgracia, puede llegar a ser muy autodestructivo.

El amante

Es corazón y sensibilidad al mismo tiempo. El amor es lo más grande para él y por eso colma de afecto a los demás. Para él, sentirse amado es la mayor felicidad. Disfruta al máximo de todo lo que agrada a sus sentidos. Concede gran importancia a la belleza.

El bufón

Le gusta reírse de sí mismo y no lleva máscaras. Su gran talento es derribar las fachadas de los demás. Nunca se toma en serio a sí mismo, porque su objetivo es disfrutar plenamente de la vida. Por desgracia, también puede ser muy perezoso o avaricioso.

El huérfano

Este tipo tiene muchas heridas abiertas. A menudo se siente traicionado y decepcionado. Espera que los demás tomen su vida en sus manos. Se retrae cuando se da cuenta de que nadie se preocupa por él. Le gusta pasar tiempo con personas que sienten lo mismo que él. Se le da muy bien interpretar el papel de víctima y rechaza cualquier culpa. Tiene mucho talento para manipular a los demás.

Capítulo 10: Personalidad integrada

Cuando hablamos de una personalidad madura, nos referimos al ideal de la propia personalidad que toda persona desea alcanzar. En otras palabras, una personalidad madura es una actitud adulta integrada. Se caracteriza por una apertura natural y un cierto encanto. Una personalidad así también puede observarse en los niños, que son muy desinhibidos. Pero la personalidad madura también tiene otras cualidades: seriedad, valentía y fiabilidad. Si un directivo es una personalidad madura, puede impresionar con su carisma positivo y también tiene un sentido muy elevado de la responsabilidad social. Según los criterios de la psicología humanista, esta personalidad madura también puede equipararse a una persona madura.

Por desgracia, este tipo de personalidad es muy poco frecuente. Si quieres reconocerlas, tienes que prestar atención a lo que ocurre cuando alguien entra en la habitación.

> **Ejemplo**: Una profesora de guardería entra en la sala de grupo e inmediatamente todos los niños se reúnen a su alrededor y los compañeros de la sala también quieren estar muy cerca de esta profesora y aprender de ella.

"Un corazón desarrollado está extrañamente tranquilo y sereno".

XIV Dalai Lama

Según las enseñanzas del 14° Dalai Lama, un líder integrado es una persona que tiene un sentido tangible de la calma. También podría decirse que es la roca en el oleaje. Una persona así siempre sabe cuándo y qué se necesita de ella. Esta persona no finge, es auténtica. El increíble carisma de esta personalidad ilumina literalmente hasta las últimas filas de una sala.

Si una persona ha madurado realmente, todas las demás personas seguirán su ejemplo. El motivo es que esa persona puede ser muy importante para ellos. Ofrece orientación y sabe de lo que habla. Todo el mundo quiere conocer a una persona así y aprender de ella. La cuestión es cómo llegar a ser una personalidad integrada. Tampoco quiero ocultarte eso.

Empecemos por la palabra integración. Todo el mundo tiene rasgos de personalidad o características desagradables, pero no pueden suprimirse permanentemente. Si intentas hacerlo, pronto te darás cuenta de que los rasgos y características de personalidad suprimidos, así como los deseos, están causando un verdadero terrorismo en tu interior.

Si recordamos ahora el término integración, comprenderás que es importante aceptar también las características negativas. Si aceptas por igual las características positivas y las negativas, la integración o cooperación será posible. En otras palabras, entonces comienza un proceso de fusión. Literalmente hablando, todos los aspectos de la personalidad se sientan entonces a una mesa para planificar juntos el futuro. Cada aspecto también tiene sus propios derechos y cada parte tiene su lugar. Todos los implicados se darán cuenta de que sólo pueden tener éxito si trabajan juntos. Todos son socios iguales en la cooperación y pueden aportar sus ventajas y desventajas. En este punto, puedes recordar que cuanto más orientados al trabajo en equipo estén los rasgos de la personalidad individual, mayor será el efecto.

Así pues, si quieres convertirte en una personalidad integrada, debes estar dispuesto a aceptarte tal como eres. Hay muchos filósofos que creen que en cada ser humano vive un ángel de paz, pero también un asesino.

Siempre existen tanto la sombra como la luz. Por eso, si intentas suprimir tus propios lados oscuros, las cualidades positivas también se reducen cada vez más. Si aceptas tus propios lados oscuros, los lados positivos de la luz también se alimentarán de ellos. Ésta es la única manera de realizar todo tu potencial. También dispondrás de más energía, pues ya no tendrás que invertirla en resistencia.

Capítulo 11: Desarrollo personal

¿Conoces la sensación de tener una buena idea de cómo proceder y, sin embargo, tener las manos literalmente atadas? Estás literalmente en un estado de impotencia, porque experiencias desagradables, prejuicios o incluso frases mal redactadas nos bloquean en nuestras acciones.

Si ahora hablamos de desarrollo personal, esto significa que hay que resolver todos estos enredos negativos.

Imagina que todas las experiencias negativas fueran una cuerda. Y todas esas cuerdas se hubieran anudado formando una gran explosión. Si esto no se desata, no puedes avanzar. Por tanto, hay que separar las cuerdas entre sí, porque sólo así podrás avanzar.

Lo mismo ocurre con nuestras experiencias negativas: Cuando las sueltas, vuelves a tener las manos libres. Así que existe la posibilidad de que nuestra vida laboral cotidiana y la vida diaria en general den un giro positivo. Ahora tienes la capacidad de descifrar los problemas y de leer a las personas. Antes, ninguna de las dos cosas estaba a tu alcance. Ahora tienes un soplo de aire fresco y motivación. También serás capaz de establecer un buen contacto con tus colegas, pero también de mantener la distancia necesaria. De este modo, te asegurarás de no ser vulnerable en tu vida privada. Y si antes había muchas cosas que te alteraban en lo más profundo de tu ser, ahora podrás afrontarlas con calma. Los problemas se afrontan con confianza y ya no te los llevas a casa para reflexionar largamente sobre ellos por la noche.

Recuerda también que es mejor ocuparte de tus propios asuntos y no de las preocupaciones privadas de tus empleados. Por supuesto, es posible que te ocupes de las preocupaciones de tus empleados y que hagas un esfuerzo, pero esto requiere mucho tiempo y consume gran parte de tu energía. Tiempo y energía que podrías emplear mucho mejor para ti mismo. Averigua qué papel juegas en los problemas de los empleados. Si lo consigues, te darás cuenta de lo fácil que es gestionar a los empleados.

Cuando hablamos de los siete pilares del poder, nos referimos a un concepto holístico que contribuye al desarrollo personal. En el próximo capítulo, examinaremos más detenidamente estos siete pilares.

Capítulo 12: Los siete pilares del poder

Los siete pilares son los cimientos de toda personalidad: Si estos siete pilares no están en equilibrio, puedes imaginar que la psique de la persona se tambalea mucho. Puede ayudarte imaginar una casa construida sobre siete pilares. Si uno solo de estos pilares se queda corto, el edificio empezará a tambalearse.

Ocurre lo mismo con los siete pilares de la personalidad; si uno es más corto o menos pronunciado, toda la psique se desequilibra. Hay muchos directivos que entonces intentan arreglarlo todo controlando y luchando. Sin embargo, cuanto mayor es realmente el desequilibrio, más tienen que luchar y controlar.

El control que se muestra pretende evitar la inferioridad. Al mismo tiempo, sin embargo, el control es también un signo de impotencia. Si un directivo reacciona así, el entorno también reaccionará de forma impotente y controladora.

Ahora imagina que el suelo empieza a temblar. Al menos una de las casas que ya está temblando se romperá. Si relacionas esto con una empresa, te darás cuenta de que puede hundirse rápidamente.

Cuando hablamos de poder real, nos referimos a utilizar el potencial inherente que cada persona lleva dentro. Para conseguirlo, hay que desarrollar los siete pilares, pues es la única forma de crear un cambio productivo. Si se consigue, las personas pueden crecer personalmente, pero también contribuir al crecimiento de la empresa.

> ### Los 7 pilares del poder se llaman:
>
> • **Firmeza**: Significa que una persona es inquebrantable en situaciones difíciles.
>
> • **Pasión**: Se refiere al entusiasmo con el que las personas realizan su trabajo.
>
> • **Autocontrol**: Se refiere a la capacidad de autodisciplina y de regular todas las emociones.
>
> • **Amor**: Éste es el motor que puede cambiar las cosas.
>
> • **Comunicación**: Aquí hablamos de expresividad personal.
>
> • **El conocimiento**: Describe la cura de la ignorancia.
>
> • **Ética**: Las personas reciben una norma para sus propios actos y para protegerse contra la manipulación.

Los siete pilares se basan en los siete chakras. Las enseñanzas sobre los chakras proceden del yoga. Esta filosofía tiene más de 5000 años de antigüedad, por lo que se considera el sistema más antiguo en términos de desarrollo humano. El conocimiento de los chakras está anclado en muchas culturas. Los Vedas indios, que se consideran las escrituras religiosas más antiguas, describieron los chakras hace 3000 años. Antes había escepticismo sobre su existencia y eficacia, pero desde la década de 1970 se dispone de pruebas científicas. Los siete chakras abarcan todas las áreas que son componentes psicológicamente esenciales del desarrollo humano. Se trata de un sistema muy sofisticado en cuanto a la estructura y la naturaleza de la personalidad. Muchas personas ya conocen las enseñanzas de los chakras, por ejemplo a través del yoga o del Reiki. Algunas de ellas han experimentado su eficacia a través de la acupuntura. Cuando se trata del desarrollo de la personalidad de un directivo, esta enseñanza es, por desgracia, menos conocida. Los siete pilares del poder pretenden trasladar el antiguo conocimiento de los chakras a nuestros tiempos modernos. Las antiguas enseñanzas se traducen en conceptos analíticos transaccionales que pueden ser utilizados por los directivos.

12.1 LA SECUENCIA DE LOS PILARES

Veamos más de cerca la secuencia de los siete pilares del poder. Quizá también te hayas preguntado cómo debes enfocarlo todo. ¿Por qué pilar empiezas? ¿Puedes empezar por el pilar que más te interese? La respuesta es: empieza por la firmeza y construye sobre los demás pilares en secuencia.

Es importante que los siete pilares se desarrollen

en orden. Cada pilar individual tiene potencial de poder. Se apoyan y son mutuamente dependientes. En otras palabras, los pilares se construyen unos sobre otros.

Así pues, antes de que pueda comenzar la pasión, la constancia debe estar bien desarrollada. Por consiguiente, el primer pilar del poder es también la firmeza. Aquí es donde cada persona desarrolla la capacidad de mantenerse firme en el suelo. Esto ocurre en tres niveles: mental, emocional y físico.

La palabra estabilidad contiene dos palabras. En primer lugar, la palabra "mantenerse", que procede de "estar de pie" y la palabra "firmeza". Por tanto, si quieres desarrollar la estabilidad, tu objetivo es mantenerte firme y seguro sobre el suelo con tus propios pies. Las personas cuya estabilidad está bien desarrollada saben exactamente dónde están paradas. Los que están seguros de su posición no pueden ser empujados fácilmente fuera de ella. Tanto el cuerpo como la mente estarán firmemente anclados si conoces tu lugar en el mundo.

El siguiente pilar implica mucho movimiento. Aquí desarrollas la capacidad de tratar con flexibilidad tus propios puntos de vista. Se trata de no perder tu propia posición ni contradecirte. Estamos hablando aquí del pilar de la pasión.

Esto sólo puede ser beneficioso si la persona también ha desarrollado estabilidad. Los que aún no son estables no podrán ampliar sus posibilidades con pasión. Sólo causarán malestar. Una persona que quiere ser apasionada pero no es estable se moverá sin saber de dónde viene ni adónde quiere ir. Como resultado, tarde o temprano perderá el rumbo y podrá convertirse fácilmente en el peón de otros cuando ejerzan su poder de control.

Pero si eres estable, nada puede sacudirte tan fácilmente. Así que si has desarrollado una firmeza estable, nada puede ser más revitalizante que el poder de la pasión. Es posible que la pasión construya algo, pero también es posible que destruya algo. La pasión puede unir opuestos, pero al mismo tiempo también puede provocar cambios o enfrentamientos. Este pilar controla la capacidad humana de tocar el mundo y de ser tocado por el mundo. Así que todo el mundo necesita pasión para revitalizarse a sí mismo y a su entorno.

Y esa es la cuestión:
• Entrar en contacto contigo mismo
• Sentirte a ti mismo
• Actúa según tus propios deseos, entusiasmo y energía

- Ponerse en contacto con el mundo
- Dejarte tocar por el mundo que te rodea
- Sentir el crecimiento y el declive
- Entrar en contacto con otras personas
- Ser tocado por sus pensamientos y sentimientos
- Sentir la diversidad de los demás y reconocer sus límites

Así que si el pilar de la pasión está bien desarrollado, será importante coordinarlo en el pilar del autocontrol. Por desgracia, se abusa del control una y otra vez. Y, sin embargo, es una forma importante de poder.

Los que tienen autocontrol físico y mental tienen poder sobre sí mismos. Esto es importante cuando se trata de autodisciplina.

Esta autodisciplina pretende regular fuerzas como la pasión, la razón, la comunicación y todas las emociones. Si, por ejemplo, todos los acontecimientos a tu alrededor amenazan con agravarse y tu propia existencia se ve amenazada, el autocontrol es extremadamente importante para mantener la cabeza fría.

El pilar del autocontrol también desarrolla la capacidad de control social. Pero aquí también, por desgracia, tengo que decir que hay muchas personas que trabajan en la dirección equivocada. En realidad piensan que tienen que controlar el mundo exterior. Esto significa que controlan su propio entorno. Estas personas llaman a esto control social. El hecho es que el control debe dirigirse hacia dentro. Si quieres definir el control social, podrías hacerlo de la siguiente manera: Cualquiera que pueda controlarse a sí mismo dentro de un entorno social tiene la capacidad de control social.

Quienes tienen capacidad para controlarse cumplen el requisito previo de las habilidades sociales. Por tanto, las personas desarrollan sus habilidades sociales en el pilar del autocontrol. Aquí es donde se pone de manifiesto la capacidad potencialmente ilimitada de desarrollo y los propios límites.

Los que pueden superar sus miedos y pretensiones de poder también son capaces de satisfacer el deseo de libre desarrollo de los demás. Por tanto, el autocontrol es importante para poder recorrer el camino hacia el pilar del amor.

Al principio, una persona sólo está ahí (estabilidad). Luego empieza a moverse (pasión). Luego aprende a controlarse (autocontrol). Éstos son los tres primeros pilares que preparan la psique de una persona para entrar en contacto con su entorno. Sólo cuando puedes controlarte a ti mismo te vuelves hacia tu entorno.

El cuarto pilar es el pilar del amor. Esta interfaz, que se dirige hacia el exterior, se hace visible aquí. Las cualidades que han surgido a través de los tres primeros pilares se viven ahora a través de la capacidad de contacto.

En este pilar, un directivo debe desarrollar un aprecio y una buena voluntad particulares hacia sus empleados. Los directivos que no pueden reunir un poderoso "sí" para sus empleados no tienen la capacidad de dirigir poderosamente. Todo el mundo quiere ser tratado con respeto. Todo el mundo sabe lo agradable que es este sentimiento. Por tanto, el amor no sólo es benévolo, sino también poderoso.

El potencial de poder del amor abarca las tres áreas siguientes:

1) Individualidad:
Aquí hablamos del amor a uno mismo. Todas las asperezas, fortalezas y debilidades deben ser aceptadas, abrazadas y amadas.

2) Lealtad:
Se refiere al amor a los demás. Debes comportarte con lealtad y ser consciente de tu papel en la vida de los demás.

3) Veracidad:

Aquí estamos hablando del amor a la verdad, porque si no eres sincero, no puedes permitir que florezca el amor a ti mismo ni a los demás.

Puedes recordar lo siguiente:

Sólo una persona que se acepta a sí misma puede tratar a los demás de forma relajada y benevolente.

Cuando los cuatro primeros pilares están bien desarrollados, la gente está dispuesta a aprender de los demás. Quieres compartir con los demás las cosas que te mueven (pasión). Los demás también deben saber lo que defiendes (firmeza). Las personas que te rodean deben saber lo que te frena (autocontrol) y, por supuesto, lo que te motiva (amor).

A continuación viene el cuarto pilar. También se conoce como el pilar de la comunicación. Una vez que lo has conseguido, puedes reconocerlo por el hecho de que quieres presentar tu actitud interior a otra persona. Intercambias ideas y te vuelves interactivo. Así es como sigues desarrollándote.

Desgraciadamente, el tema de la comunicación se trata muy extensamente. Sin embargo, se observa una y otra vez que muchos directivos carecen de una conciencia clara de las técnicas de comunicación adecuadas. A muchos les cuesta darse cuenta de que puede ocurrir algo cuando trabajan con colegas. Probablemente estén familiarizados con el modelo de las cuatro orejas o piensen en el emisor y el receptor, pero en realidad no se trata de eso. Se trata más bien de comunicar tu propia actitud interior y reconocer la de tu interlocutor. En otras palabras, esto puede explicarse de la siguiente manera: Tienes que aprender a saber leer entre líneas. Las cosas que nadie dice pueden ser muy importantes para una buena relación.

El pilar de la comunicación garantiza que te sensibilices y que tus sentidos se abran para que puedas conocer mejor a las personas que te rodean y experimentar el mundo que te rodea. Es tarea de cada uno reforzar su propia intuición para poder sentir quién es la otra persona. También es importante dejar que la otra persona vea detrás de su propia fachada. En resumen: esto es comunicación.

Los que saben mucho son poderosos. Las personas que han interiorizado la información correcta e importante pueden poner en marcha nuevos acontecimientos o evitar que ocurran cosas peores. Los conocimientos de una persona la guían por el camino de la vida.

Hay una regla empírica que dice que alrededor del 85% de todo mal comportamiento se debe a la falta de conocimiento. Vivimos en la era de la información. Por desgracia, esto también significa que esta información se utiliza sobre todo para controlar a los demás. Además, la información falsa también lleva a manipular a masas enteras de personas.

Pero debes saber que el conocimiento no es sólo información. De hecho, tiene muchas caras. En nuestra sociedad, la investigación científica se considera la fuente del conocimiento. Y si piensas en la sabiduría, o preguntas a otros qué es, muchos responderán que es una capacidad de las personas mayores. Las mujeres son intuitivas. También hay personas que tienen visiones. Son muy pobres porque en nuestra sociedad se les suele tachar de chiflados. Todas estas actitudes son muy peyorativas y demuestran una gran ignorancia.

Si un directivo no es capaz de aprovechar las cuatro formas de conocimiento, corre el riesgo de verse afectado por la ignorancia. Sin embargo, las cuatro formas son muy importantes para la gestión cotidiana.

Alguien que combina el pilar del conocimiento y el pilar del amor utiliza conscientemente cierta información para dar más poder a la otra persona. Pero ahora veamos más de cerca las **cuatro formas de conocimiento:**

1) Ciencia:

La información se recoge utilizando un método específico y luego se clasifica en áreas temáticas concretas. También se hacen fotos de las distintas áreas, que se guardan cuidadosamente en una carpeta para futuras consultas.

2) Intuición:

También conoces esta palabra como corazonada. También se podría decir que es la guía que nos pone en el camino de la verdad. Comprendemos el curso de los acontecimientos y hacemos suposiciones que son infalibles.

3) Sabiduría:

Quien aprende de la experiencia se vuelve sabio. No importa si se trata de tu propia experiencia o de la de otra persona. Los acontecimientos pasados te permiten hacer predicciones.

4) Conocimiento visionario:

A los que tienen visiones se les muestra su trayectoria vital personal. Si los cinco pilares anteriores están bien desarrollados, es posible centrarse plenamente en activar tu potencial de poder.

Si las cuatro formas de conocimiento descritas están una al lado de la otra y tienen el mismo estatus, es posible que la mente consciente y la subconsciente trabajen juntas. Esto crea una interacción que es extremadamente fructífera. Lo que una persona percibe subconscientemente puede realizarse e incluso con eficacia. Entonces, estas acciones no se ven perjudicadas por un aspecto de la personalidad que la persona intentó suprimir previamente. En términos sencillos, esto puede resumirse así: Sabes que debes hacer lo correcto en el momento adecuado. Cómo se utiliza este conocimiento es una pregunta a la que responde el último pilar: el pilar de la ética. La palabra ética significa moral. En otras palabras, toda persona debe comportarse decentemente cada día. Llegados a este punto, podemos volver a debatir qué comportamiento es adecuado y decente. Una respuesta puede encontrarse en cómo vemos nuestra responsabilidad hacia los demás. La ética proporciona a cada persona una norma para su comportamiento diario. También le proporciona el apoyo que necesita cuando atraviesa momentos de incertidumbre. A través de la ética, experimentamos un nivel diferente de estabilización. Por tanto, es posible que los humanos demos rienda suelta a las cosas que ocurren sin alterarnos por ellas.

Mediante el pilar de la ética, una persona aprende la calma interior cuando nos encontramos en medio de acontecimientos perturbadores. Esto nos permite mantener la cabeza fría y ver con claridad. Al mismo tiempo, los demás no pueden manipularnos. Quienes mantienen este poder cualitativo son especialmente inmunes a las intrigas, la manipulación y las llamadas órdenes jerárquicas. En pocas palabras, podría decirse que la ética es el escudo protector de toda persona.

Como ya te habrás dado cuenta, esta columna es la última en desarrollarse. Probablemente estés deseando ser el primero en construir este pilar, pero lo cierto es que primero hay que alcanzar un cierto grado de estabilidad para no balancearse como una flor al viento. Si carecemos de pasión, también carecemos de la fuerza necesaria. Además, los humanos no podemos comportarnos exclusivamente según las normas morales (autocontrol) y sin conocer las necesidades de los demás, tampoco es posible (amor). También es necesario saber muchas cosas para poder formular nuestra propia ética y luego aplicarla adecuadamente.

12.2 LOS DOS POLOS DE LA IM-POTENCIA

Con todo lo que ya has aprendido sobre los pilares del poder, probablemente te estarás preguntando en este momento cómo puedes saber si realmente están bien desarrollados en tu caso.

Básicamente, podemos dividir **el fenómeno de la impotencia** en **dos polos:**
1) la debilidad evidente
y
2) las debilidades se disfrazan de fortalezas, adoptan la forma de poder de control.

Ambos polos son los llamados **extremos**. No muestran el desarrollo de una persona, sino sus limitaciones.

Estabilidad:

Las personas que carecen de firmeza son ansiosas, se someten más rápidamente que los demás y se asustan con facilidad. Se dice que estas personas son como una bandera al viento que gira en todas direcciones pero no tiene dirección propia. Estas personas se agarran mucho al palo del poder controlador. Parecen estúpidas e inmóviles.

Pasión:

Las personas que muestran poca pasión son percibidas por los demás como poco entusiastas, incluso aburridas. Estas personas también son percibidas como cobardes. A menudo reciben el apodo de "ratón gris". Sin embargo, si la pasión es controladora, la persona se desborda literalmente y difícilmente puede ser domada, lo que a su vez tiene un efecto agresivo e inquieto en quienes la rodean.

Autocontrol:

Si no tienes suficiente autocontrol, te conviertes en víctima de ti mismo. Las personas que carecen realmente de autocontrol tienden a convertirse rápidamente en adictos o a deprimirse. También oímos a menudo que sufren problemas de sueño y falta de motivación. Otras personas que rebosan autocontrol siempre quieren tener la sartén por el mango y controlarlo todo. A los demás, esto les parece el típico afán de poder.

El amor:

Puedes reconocer a una persona cuyo pilar del amor no está bien desarrollado por su falta de calidez y compasión. Suelen parecer frías y a menudo son incapaces de cuidar de sí mismas. Sin embargo, cuando el amor se convierte en poder de control, las personas se convierten en salvadores habituales. Se sacrifican por los demás, pero se descuidan totalmente a sí mismos.

Comunicación:

Los que carecen de comunicación no son capaces de aprender ni de disfrutar de la compañía de los demás. También podría decirse que estas personas no pueden separar los dientes. Sin embargo, cuando la comunicación se pervierte, la persona se experimenta como un hablador desconsiderado. Son incapaces de escuchar y no les importa cómo se presentan ante los demás.

Conocimientos:

Una persona que carece del poder de la información permanecerá en su propia ignorancia. Las personas que se exceden, sin embargo, son creyentes en la ciencia. Sólo confían en la tecnología. Su comportamiento es más bien sin cabeza y sin corazón.

La ética:

Las personas que carecen de ética siempre se ven a sí mismas como el centro de los acontecimientos. Están firmemente convencidas de sus creencias. Cuando se trata de tratar con el medio ambiente o con otras personas, se les percibe como egoístas e insensibles. Las personas que parecen despegar literalmente tienen un poder de ética muy pronunciado. Esto ya es controlador. Ya no les interesan las cosas que ocurren en la vida cotidiana.

12.3 LA TAREA DE LOS DOS GÉNEROS

Tanto si eres hombre como mujer, es importante que ambos desarrollen bien los siete pilares del poder. Quien suponga que sólo hay seis pilares para los hombres, pero ocho pilares para las mujeres, se equivoca. Sin embargo, lo cierto es que los potenciales de poder tienen características diferentes. Debido a este hecho, algunos de los pilares están dominados por las mujeres y otros por los hombres. Los pilares respectivos no están dominados automáticamente en función del sexo. Una mujer no es automáticamente perfecta en un pilar concreto debido a su sexo. Esto también se aplica a los hombres.

Los pilares dominados por los hombres contienen un potencial de poder que se creó como una oportunidad para seguir desarrollándose activamente. Sin embargo, los pilares dominados por las mujeres contienen un potencial de poder innato. Es importante que se liberen de los bloqueos, porque sólo entonces podrán volver a desplegarse libremente.

Los potenciales de poder femenino y masculino son cualidades insustituibles. Las cualidades de poder dominadas por lo femenino son redimidas por los potenciales de poder dominados por lo masculino que se construyen activamente. Para que puedan crecer más allá de sí mismas, las cualidades de poder dominadas por los hombres son motivadas por los potenciales de poder femeninos liberados.

Por tanto, los potenciales de poder femenino y masculino son mutuamente dependientes. Sólo pueden seguir desarrollándose como una unidad. Ése es el significado de una relación. La libertad alcanzada es especialmente evidente en el séptimo potencial de poder. Las cualidades de las distintas unidades han crecido juntas aquí e integran mutuamente sus potenciales. Esta integración tiene sentido para todos los niveles de la jerarquía. Esto significa que, para lograr el liderazgo más holístico posible, lo ideal es que ambos géneros estén representados. No se trata de cuotas de género, sino de complementar y completar competencias.

12.4 ESTABILIDAD

¿Te has preguntado alguna vez si te mantienes firme en la vida? Si examinamos más detenidamente el pilar de la firmeza, sin duda surgirá la pregunta. En primer lugar, me gustaría recordarte que este pilar es el fundamento de la psique humana. Proporciona a las personas estabilidad y seguridad. En otras palabras, también podría decirse que este pilar se ocupa del derecho a existir, porque toda persona tiene derecho a estar en este mundo. En este potencial de poder se muestran dos polos: 1) la energía y 2) la inercia.

Seguro que te imaginas que una persona que es firme tiene una energía enorme y siempre aborda sus tareas con vigor. Si tienes demasiada energía, que se expresa a través de una agresividad improductiva, puede ser un signo de falta de firmeza, al igual que una energía demasiado escasa, que se expresa a través de una falta de vigor.

Como ya he mencionado en capítulos anteriores, estabilidad significa estar con los dos pies en el suelo. Esta estabilidad proporciona a las personas el apoyo emocional, físico y mental que necesitan. Estas personas saben a qué atenerse en la vida y no se balancean como una flor al viento. Nadie conseguirá desplazar a una persona firme de su posición. Si una persona es verdaderamente firme, también es tranquila.

La serenidad es también una fuente de fuerza de la que una persona puede sacar infinitas cosas.

Como ya se ha mencionado, la estabilidad es el primer potencial de poder y, al mismo tiempo, el más importante. Este primer pilar determina la estabilidad de los demás pilares, que son mutuamente dependientes y se apoyan entre sí. Si la estabilidad de una persona no es estable, el potencial de poder de los demás pilares no puede realizarse. Por tanto, todo el que quiera desarrollar su personalidad empieza por este pilar.

Las personas cuya estabilidad está bien desarrollada tienen las siguientes cosas:

- Vitalidad
- Resistencia
- Alegría de vivir
- Asertividad
- Conexión con la Tierra
- Resistencia
- Cercanía a la naturaleza
- Un sentimiento de arraigo (esto se aplica a la cultura, el lugar, la familia y la empresa)
- Un sentido del ritmo para las fases activa y pasiva de la vida laboral
- Confía en

• Seguridad.

Si un líder tiene una firmeza bien desarrollada, le es posible mantenerse con los dos pies firmemente apoyados en el suelo y desarrollar su personalidad de tal modo que le garantice la mayor seguridad posible en el mundo. Los frutos seguros de una firmeza enérgica son, por ejemplo, un hogar seguro, una profesión feliz y una relación familiar estable. Una persona gana seguridad y fuerza interior cuando el pilar de la firmeza está bien desarrollado. Sin embargo, también puede haber problemas con la firmeza. Uno de los mayores problemas es probablemente el miedo. Si hay bloqueos o desarrollos indeseables en el pilar de la firmeza, suele expresarse mediante ansiedad, falta de fuerza o incluso agresividad y egoísmo.

"El miedo se come el alma". Este breve proverbio asiático da en el clavo. Si una persona siente una falta de fuerza mental causada por el miedo, le resultará difícil superar las dificultades a las que se enfrente. También sentirá mucha inseguridad y le faltará confianza en sí misma. En el peor de los casos, esto puede llevar incluso a la depresión.

Debido a la falta de confianza en sí misma, una persona cuya estabilidad no está bien desarrollada puede orientarse hacia una persona supuestamente fuerte. Pero, por desgracia, suele ocurrir que estas parejas no se eligen bien y luego abusan de la confianza, ya de por sí escasa. En este caso, las personas no se fortalecen, sino que se debilitan. La codicia, la asertividad agresiva, el materialismo excesivo y el egoísmo también son indicios de que hay bloqueos en el pilar de la firmeza.

Veamos ahora el concepto teórico. Que un directivo sea realmente convincente en su comportamiento depende de lo estable que sea en realidad. Por desgracia, la mayoría de las personas no han desarrollado bien esta estabilidad.

Llegados a este punto, puede que también te estés preguntando cómo puedes conseguir la constancia. Todo el mundo quiere levantarse por la mañana y cumplir su resolución de caminar con firmeza por la vida a partir de ahora, pero no funcionará así. Un excursionista, por ejemplo, no caminará por una zona desconocida sin llevar un mapa consigo; al fin y al cabo, aún no conoce los peligros ni las zonas inseguras.

El medio más importante para desarrollar tu propia estabilidad es la confianza. Debes tener confianza en ti mismo, pero también en los demás. Pregúntate si confías o no en ti mismo y en tus propias competencias. Quizá también tengas dudas de ti mismo.

¿Y qué hay de otras personas? ¿Confías en ellas o no? La gente no acaba de empezar a hacerse estas preguntas. Incluso cuando eres un niño pequeño, quieres encontrar tu camino en el gran mundo. Nos preguntamos quiénes somos y qué debemos pensar de los demás. Esto significa que cada persona adopta su propia actitud ante la vida de niño. A lo largo de los años, esta actitud seguirá creciendo. Experiencias, observaciones, consecuencias y juicios han influido en nuestras convicciones internas. Y es precisamente esto lo que guía nuestro comportamiento actual.

Esto expresa nuestra propia personalidad. En la vida, sobre todo si eres directivo, tienes que hacer justicia a muchas personalidades. Cada una de estas personalidades es individual, lo que rápidamente puede resultar confuso. Para mantener un hilo común en una gran multitud, la gente busca el mínimo denominador posible. Volvamos de nuevo a la confianza. O la tienes o no la tienes. Te observas a ti mismo y a los demás. **La confusa masa de la convicción se clasifica en cuatro variantes de confianza,** que están claramente organizadas:

- La gente confía en sí misma.
- La gente no confía en sí misma.
- La gente confía en los demás.
- La gente no confía en los demás.

Y éste es precisamente el concepto de las posiciones básicas del análisis transaccional. Según éste, las personas se relacionan con el criterio clave de la confianza en dos ejes. El eje horizontal representa la confianza que tienen en sí mismas y en sus competencias. En este eje, las personas se mueven entre la autoconfianza y la duda. Existe la posibilidad de encontrarse a sí mismo o de alienarse de sí mismo. Las personas se encontrarán en algún punto entre ambos polos.

El segundo eje, que discurre verticalmente, representa la confianza en el entorno, en otras personas y en la vida en general. También aquí las personas se mueven entre los polos de la confianza y la desconfianza. También podría decirse que se mueven entre el afecto y la aversión. Estos dos ejes de la confianza forman juntos un sistema de coordenadas. Esto **proporciona a las personas cuatro campos con cuatro formas de situarse en el mundo y de conocer a los demás.**

- Yo estoy bien y tú también.
- Yo estoy bien y tú no estás bien.
- Yo no estoy bien y tú estás bien.
- Yo no estoy bien y tú no estás bien.

Son las actitudes fundamentales que toda persona tiene hacia sí misma, hacia los demás y hacia la vida. Representan una actitud fundamental. Va mucho más allá de formarse una opinión sobre el propio comportamiento y el de los demás. Estas decisiones son mucho más importantes que el valor que te atribuyes a ti mismo a nivel personal. Es importante que comprendas que este valor es el que te atribuyes como persona y no el que encarnas. Lo triste es que muchas personas se atribuyen menos valor del que les corresponde.

Otros, en cambio, tienden a exagerar en exceso y a creerse algo mejor. Tu posición básica personal es tu filtro de percepción. Este filtro actúa como unas gafas, ya que te permite ver el mundo con mayor o menor claridad. El tinte que se crea depende de la actitud básica. Las cuatro posiciones básicas son conocidas por todos. Quizá no a nivel teórico, pero sí por experiencia. Las zonas en las que nos movemos dependen de la situación y de nuestro estado de ánimo en ese día. Si una persona se enfrenta a una situación crítica, tiende a adoptar una determinada actitud. Es la llamada posición favorita. No tiene por qué ser siempre la que a la persona le resulte más cómoda, sino que también puede ser la que mejor conoce. Puedes imaginártelo como si te mudaras a un piso. Te pones cómodo y te resistes a abandonar este piso acogedor mudándote. Las personas ven y experimentan el mundo como su posición básica. Su comportamiento se justifica por esta actitud. Incluso hay personas que organizan toda su vida para adaptarse a su posición básica.

Un balancín sin energía

El director acaba de comportarse de forma despectiva con su empleado. Es evidente que ha adoptado la actitud de "yo estoy bien y tú no". Se siente superior. Pero en cuanto entra en el despacho de su jefe, esta actitud cambia. En sólo unos segundos, la jefa que acababa de ser poderosa se convierte en una persona mucho más pequeña. En ese momento, adopta la posición básica de "yo no estoy bien y tú estás bien". Ahora se comportará adecuadamente, hablará en voz baja y su postura mostrará algo de sumisión.

Si luego sale del despacho de su jefe y se encuentra con un becario en el pasillo, por ejemplo, esta posición básica volverá a cambiar. En este caso, la posición de liderazgo se inclina dos veces, lo que significa que no es estable. Esto también se conoce como un balancín sin fuerza. Ambas posiciones funcionan juntas como un balancín. Una de ellas está siempre arriba o abajo. Una persona que tenga suficiente fuerza en las piernas se balanceará hacia la posición superior. Esto ocurre a expensas de los demás, que entonces se balancean automáticamente hacia la posición básica inferior.

Esto puede ser un bonito pasatiempo en un parque infantil, pero en la gestión diaria consume mucha energía. La gente cree que puede tener éxito y poder si lo golpea lo suficientemente rápido. Sin embargo, esto es una ilusión porque, como sabes, un balancín está siempre en movimiento y consume mucha energía y nervios. Aquí, el hombre dista mucho de ser estable. En una lucha competitiva, que no tiene sentido, las personas se desgastan unas contra otras.

Es importante hacer las preguntas adecuadas

La estabilidad resulta de la interacción de una confianza realista en uno mismo y en los demás. En consecuencia, es importante que las personas sigan desarrollando su posición básica de "yo estoy bien y tú estás bien".

Pregúntate en qué áreas confías en ti mismo y en qué áreas todavía no es posible en esta fase. Es importante que te cuestiones de forma diferenciada y no generalizada, como ocurre en las tres posiciones básicas negativas. Esto también se aplica a la confianza en otras personas.

Para conseguir resultados adecuados, son importantes las preguntas que quieras hacer. A los directivos les gusta hacerse la pregunta "si", pero esto trae más dificultades que soluciones. Una pregunta "si" es como una invitación a la desconfianza. La razón es una pretensión poco realista. Una pregunta "si" sólo permite el blanco o el negro. Todo esto puede compararse a un juego de cien céntimos. Si tienes cien céntimos, tienes un euro, si sólo tienes 0,99 euros, no.

Si trasladas esto a la motivación de los empleados, surge la siguiente pregunta: "¿Está esta persona lo suficientemente motivada para trabajar?". La respuesta a esta pregunta sólo puede ser afirmativa si este empleado puede estar motivado al cien por cien.

Si este trabajador sólo acepta una motivación del 95%, no puede estar motivado según la pregunta "si". Así que puedes ver que esta pregunta es errónea. Una pregunta "si" nunca puede ser adecuada. No deja ningún margen de maniobra, lo que conduce rápidamente a la frustración. Esta frustración puede ser impotente o agresiva. Por tanto, la cuestión sobre la confianza no es si puedes confiar o no. Para hacer justicia a la realidad, esta pregunta debe formularse de otro modo. Y reformularla ya proporciona la solución: "¿En qué puedo confiar en esta persona?". Esta pregunta deja suficiente margen de maniobra para las respuestas.

En consecuencia, los directivos no deben

preguntarse si un empleado puede ser motivado o no. La pregunta correcta debería ser más bien: "¿En qué áreas es ya competente el empleado y dónde necesita motivación?".

Sólo quienes aprendan a formular las preguntas como se ha descrito podrán emitir juicios realistas y, por tanto, ganar confianza en su propia capacidad de juicio. Quienes puedan tener una visión realista de sí mismos y de sus empleados o compañeros también llegarán a una conclusión fiable. Este resultado objetivo deja claro qué comportamiento de liderazgo se requiere.

Puedes recordar la siguiente frase: "Una firmeza bien desarrollada es siempre una actitud básica +/+. (Yo estoy bien y tú estás bien). Esta actitud básica significa que ambas partes son iguales y se respetan mutuamente".

Resumamos de nuevo los puntos más importantes:

• La confianza es el criterio clave.

• Esta actitud básica es indispensable para los directivos.

• Una actitud sana y positiva debe aprenderse una y otra vez.

• La gente progresa moviendo su posición. Así que

tienes que tratar de forma constructiva con tus semejantes.

• El comportamiento de una persona es independiente y está directamente relacionado con la realidad si tiene un alto nivel de confianza en sí misma y en los demás.

• Tus propias necesidades y las de los demás son reconocidas y tenidas en cuenta en tus acciones.

• Se toman decisiones independientes y se evalúan y asumen sus consecuencias de forma realista.

• La gente puede permitirse cometer errores sin perder inmediatamente la fe en sí misma.

• Esta actitud positiva favorece la comunicación y el trabajo eficaz.

• El objetivo es trabajar juntos de forma productiva.

• Los verdaderos ganadores son los directivos con una actitud básica +/+.

12,5 PASIÓN

Cuando hablamos del pilar de la pasión, también podríamos hablar de un elixir de la vida, porque este pilar da energía y fuerza a las personas. Si examinamos este pilar en el plano psicológico, enseguida queda claro que se trata de la capacidad de disfrutar de la vida, de otras personas y también del trabajo. En el pilar de la pasión también hay dos fuerzas polares que pueden activarse como potencial de poder. Son la creación y la destrucción.

Una persona muy apasionada tiene resistencia, fuerza y habilidad a la hora de realizar cosas. En otras palabras, esta persona es creativamente activa. Si hay perturbaciones en este potencial de poder, esta pasión puede convertirse en destrucción.

La destrucción, a su vez, puede ir en dos direcciones. Si se trata de un bloqueo, se dirige contra la propia persona. En este caso, la energía creativa no se utiliza. En consecuencia, se dirige como una implosión contra el cuerpo e incluso contra la propia psique. Si la pasión está mal dirigida, la destrucción no se dirige contra la propia persona, sino hacia el exterior. Se destruyen carreras, proyectos e incluso relaciones.

La pasión es lo que hace que la gente siga adelante. No hay otra cosa que pueda dar tanta energía a una persona. A través de la pasión, una persona es capaz de construir algo, pero también de destruir algo. Se unen diferentes opuestos. Sin embargo, esto también puede llevar a la confrontación y al cambio.

Si el pilar de la pasión está bien desarrollado, es muy importante vigilarlo. Un buen desarrollo proporciona a las personas un alto nivel de vitalidad, que es especialmente importante para la salud física y mental. Puedes recordar la siguiente frase: "La clave de la verdadera calidad de vida es la pasión".

La pasión es muy importante para que un directivo pueda motivarse a sí mismo y a los que le rodean. Por tanto, deben establecer impulsos activadores y permitir que otros lo hagan. Esto aumenta el disfrute y la calidad del trabajo.

También puede decirse que el segundo pilar, el pilar de la pasión, es también el pilar del tacto. La lujuria por la vida, la curiosidad y la sensualidad forman parte de ello. Para que surjan la lujuria por la vida y la alegría de vivir, es importante captar el mundo con todos los sentidos, y las personas también deben aceptar su propia personalidad. Esto significa desprenderse de los sentimientos de vergüenza y estar siempre en contacto con el entorno.

Una persona cuya pasión se desarrolla como potencial de poder posee las siguientes cosas:

- Alegría de vivir
- Conciencia corporal
- Vitalidad
- Sensualidad
- Es capaz de desplegar su energía vital.
- Ganas de vivir

- Creatividad
- Motivación
- La capacidad de motivar
- Poder creativo
- Deseo de desarrollar
- Tiene mucho empuje en la vida.

Por tanto, si un directivo tiene una pasión bien desarrollada, puede construir y vivir relaciones sanas consigo mismo y con los demás. Ni la pasión ni las emociones se reprimen, sino que pueden desarrollarse libremente. Un dirigente o una persona con una pasión bien desarrollada reconoce conscientemente su propio cuerpo y lo ama, incluso con sus pequeños defectos y debilidades. Las relaciones eróticas son satisfactorias y se caracterizan por la devoción para toda persona cuya pasión esté bien desarrollada.

Si este pilar se desarrolla de forma equilibrada, el directivo puede desarrollar plenamente su potencial creativo. Un directivo seguro de sí mismo, vital y lleno de ganas de vivir resulta muy atractivo para sus empleados, colegas y clientes.

Si hay bloqueos o incluso desarrollos indeseables en este pilar, éstos se hacen muy evidentes a través de sentimientos inconscientes de vergüenza. Estos sentimientos de vergüenza traen consigo el abatimiento.

Entonces, los demás te perciben como poco entusiasta o incluso aburrido y cobarde. Una persona cuya pasión está bloqueada suele ser mentalmente débil, no tiene motivación y es incapaz de abordar nada nuevo. Esto puede provocar estados de ánimo depresivos y crisis creativas. También se reduce la percepción sensorial y a las personas les cuesta disfrutar de la vida. En los directivos, por ejemplo, esto puede llevar a un comportamiento paradójico. Reaccionan de forma contradinámica con un fuerte comportamiento adictivo. Inconscientemente sienten que quieren volcarse más en todo lo que es sensual.

Por desgracia, la única experiencia sensorial aquí es la intoxicación, que puede ser muy fuerte. Las drogas y el estrés, por ejemplo, pueden servir para experimentar esta intoxicación. Una persona intoxicada por el estrés aparece ante los demás como si estuviera fuera de control. Esto queda claro cuando esta persona asume muchos proyectos, pero se atasca completamente con sus tareas. Estas experiencias intoxicantes pueden resolver problemas a corto plazo, pero a largo plazo conducen al embotamiento de los sentidos y a la destrucción de la propia vida. Si trabajas conscientemente este pilar, te protegerá de la impulsividad, el anhelo insatisfecho y los peligros de la adicción, la ansiedad, los celos y la sexualidad insatisfecha.

El secreto de la motivación de los empleados

El secreto para motivar a tus empleados reside claramente en tu propia motivación. Se aplica la siguiente regla empírica: "Puedes motivar a otra persona tanto como estés motivado tú mismo".

Dependiendo de cuánto trabajo pongas tú mismo en un proyecto, otras personas también se infectan más fácilmente. Esto significa que incluso las personas que se consideran menos partidarias de la vida simplemente se dejan llevar. No se sienten como un peón; como supuestos beneficiarios, nadan en la ola de la pasión.

A los que les gustaría mucho participar pero no se atreven a hacerlo, se les da permiso a través de su pasión, ven a la persona motivada como un modelo a seguir y entonces también se lanzan al asunto.

Es el potencial de la alegría de vivir. En hindú, este chakra se llama "Svadhisthana", que significa dulzura. Y es precisamente esta dulzura la que surge de los placeres sensuales y de todo lo que hacemos. Por tanto, la clave de la pasión es el placer. Sin embargo, la alegría de vivir y el placer sólo pueden surgir cuando la persona se deja tocar. **Por eso es importante entrar en contacto ...**

• ... contigo mismo, para que puedas experimentar tus propios deseos, entusiasmos y energías.

• ... con el mundo que te rodea, para que pueda tocarte, para que puedas sentir el crecimiento, pero también la decadencia. Esto te da un sentido del ritmo de la vida.

• ... con las personas que te rodean, para que puedas dejarte tocar por sus sentimientos, pensamientos y personalidades. De este modo, puedes sentir su diversidad, sus límites y su potencial.

Una persona dispuesta a percibir las cosas que la rodean con pasión se asegura de poder disfrutar de los placeres sensuales, por ejemplo a través del arte y la cultura, el erotismo o las experiencias placenteras.

Aquí se plantean dos cuestiones:
• 1) ¿Qué suprime la pasión?
• 2) ¿Qué fomenta la pasión?

Debes saber que la pasión es un potencial de poder dominado por las mujeres y que es innato en nosotras. Por desgracia, a lo largo de nuestra vida experimentamos cada vez más restricciones y limitaciones con respecto a esta fuente. Por lo tanto, es importante que esta fuente se libere de nuevo. De este modo, una persona puede decidir de nuevo cada día cuánta pasión quiere vivir ese día.

- Cumple: Pertenencia y amor.

- Sé fuerte: seguridad en los contactos sociales.

- Esfuérzate: Voluntad de rendimiento.

- Date prisa: experimenta la plenitud de la vida.

- Sé perfecto: Utilización óptima de conocimientos y habilidades.

Probablemente estés familiarizado con la voz interior que no deja de susurrarte. A veces actúa como un general. Y si ahora te digo que hay incluso cinco generales, seguro que te quedarás con la boca abierta.

Son los llamados conductores los que se encargan de que interioricemos las instrucciones. Estos impulsores no tienen por qué ser necesariamente una persona a través de la cual interiorizamos esas instrucciones. Una persona experimenta muy a menudo una presión interior para comportarse de una determinada manera en una determinada situación. Si, por ejemplo, un directivo se atasca con sus estrategias, suele reaccionar espontáneamente con un comportamiento impulsor. También se podría decir que estos cinco generales son como cinco habitantes de nuestra cabeza. Se han repartido entre ellos todos los recursos necesarios. Mediante esta división, gobiernan conjuntamente todas las áreas de necesidad y acción. Hacen una promesa a nuestros sentimientos de que se cumplirán sin peligro si cumplimos sus órdenes.

Ahora toma a todos los cerebros del mundo juntos y redúcelos a cinco impulsores en todas las culturas. Todo el mundo los conoce y son universales. Lo que importa aquí es el poder de mando, si este conductor determina nuestras acciones o si nosotros mismos somos los amos de la casa.

Por ejemplo, si te sientes incómodo en determinadas situaciones, puedes estar seguro de que uno de estos generales intervendrá y tomará la iniciativa. Ya no estás seguro de si la otra persona es leal. Esto aumenta la suposición de que puedes ganarte a la otra persona siendo amable y esforzándote por lograr la armonía. Por ejemplo, algunas personas quieren causar una buena impresión a su jefe y creen que es útil hacerse intocables. Por ejemplo, hay que entregar algo en lo que se lleva trabajando mucho tiempo hasta que se ha invertido suficiente esfuerzo. A veces el sistema de archivo está desbordado de tareas y quieres trabajar en ellas con especial rapidez para tener esto bajo control.

Puedes memorizar la siguiente frase: "Cuanto más compulsivamente sigas las órdenes de los cinco generales, más entregarás tu poder interior al poder interior del Pentágono".

Debes tener cuidado con estos comandos:

• **General: ser** complaciente: **mandar**: Debes complacer a los demás.

• **General**: sé fuerte: **manda**: No debes dejar que nada te afecte.

• **General:** haz un esfuerzo: **Orden**: Debes hacer un esfuerzo.

• **General: date** prisa: **Orden**: Debes darte prisa.

• **General**: sé perfecto: **manda**: No debes cometer ningún error.

Un jefe teledirigido no siempre se da cuenta de que actúa como un esclavo a las órdenes del conductor. El hecho es que las órdenes memorizadas cobran vida propia, sobre todo en situaciones de estrés. Esto bloquea el pensamiento claro del ego adulto. El resultado es que se sabotea una solución adecuada. Aquí es donde al menos un general juega al imperio del poder. En este punto, el comportamiento controlado por el conductor resulta ser un concepto erróneo.

Los cinco generales se instalaron cómodamente en el Pentágono hace mucho tiempo. Ahora sólo se juegan viejas estrategias, a veces incluso desde la infancia. Lo correcto sería trabajar pensando en el presente. Por desgracia, las fórmulas que antes se utilizaban para ganar son ahora instrucciones para el camino equivocado. También es un hecho, y por tanto un punto negativo, que los generales nunca estarán satisfechos. Siempre exigirán obediencia. Nunca eres lo bastante bueno, lo bastante genial, lo bastante rápido, lo bastante perfecto y nunca te esfuerzas lo suficiente.

Por supuesto, nadie demonizará a los conductores ni los perseguirá. Por un lado, también harán travesuras allí donde se les persiga. Puedes encontrar más información sobre esto en el pilar sobre el autocontrol. Por otro lado, también nos han ayudado a menudo cuando no sabíamos qué hacer nosotros mismos. Esto significa que también nos proporcionamos recursos y habilidades que queremos seguir utilizando. Por eso es importante no suprimir al conductor, sino negarse a obedecer órdenes. Por tanto, el infantil "sólo nos unimos cuando nos apetece" sólo se utiliza cuando realmente tiene sentido para nosotros. En la vida laboral normal, la fuerza, el esfuerzo, el entusiasmo, la amabilidad, la rapidez y la precisión son características positivas muy importantes.

• **Conductor**: ser agradable: **Recurso**: empatía (capacidad de relacionarse con uno mismo y con el entorno)

• **Conductor**: ser fuerte: **Recurso**: capacidad de distanciamiento (capacidad de distanciarte de ti mismo y de lo que te rodea)

• **Conductor**: haz un esfuerzo: **Recursos:** resistencia (capacidad de utilizar la fuerza adecuadamente).

• **Conductores**: prisa: **Recursos**: sentido del espacio-tiempo (se refiere a la capacidad de orientarse espacial y temporalmente).

• **Conductor**: Ser perfecto: **Recurso**: Sentido de la perfección (describe la capacidad de desarrollar y utilizar una técnica óptima para la acción).

Los conductores también pueden compararse con los perros: Si un perro te ha atrapado, te morderá en la pantorrilla, lo que por supuesto hace más mal que bien. Pero si te liberas de la presión, también puedes poner al conductor delante del trineo. Las personas que consiguen limitar el poder restrictivo del conductor, que es muy destructivo, pueden utilizar los generales para potenciar el comportamiento laboral y comunicativo.

Resumamos una vez más: La pasión es el ego infantil libre de positivo.

• El placer es la clave de la pasión.

• Hay que volver a descubrir el estado positivo del ego infantil.

• El ego del padre cuidadoso EL proporciona apoyo benevolente.

• La energía vital y la diversidad son efectos de la pasión.

• Los permisos se consideran un pasaporte a la pasión.

• Ganas autonomía en tus pensamientos, sentimientos y comportamiento desactivando a los que habitan en tu cabeza y a los conductores.

• Te permites ser más tú mismo.

• Se siente la alegría de vivir.

• Un líder que tiene un ego de niño libre es un verdadero ganador.

12.6 AUTOCONTROL

Para proteger nuestra propia identidad, nos dotamos de autoestima mediante el pilar del autocontrol. Creamos un derecho a actuar a nivel psicológico. Como en los dos primeros pilares, aquí se encuentran dos fuerzas polares: encontrar nuestro propio poder es un polo, el otro es la impotencia.

Alguien que tiene su propio poder se siente especialmente fuerte. Es importante permanecer alerta para no volver a perder este poder, ya que siempre pueden surgir diversos deseos de poder que impulsen nuestras acciones en una dirección diferente. Por ejemplo, también puede ocurrir que usurpemos el control sobre los demás.

Si miramos el lado de la impotencia, ocurre lo contrario. En el peor de los casos, podemos acabar dando a otras personas poder sobre nosotros.

Como ya se ha mencionado varias veces, ocurre una y otra vez y cada vez con más frecuencia que muchas personas abusan del control. Pero sin control tampoco es posible, ya que tiene una función importante en términos de poder.

Una persona que tiene capacidad de autocontrol mental y físico tiene poder sobre sí misma. Esto regula otras fuerzas como la pasión, la razón, la autodisciplina, la comunicación y algunas emociones. Cuando los acontecimientos a tu alrededor amenazan con agravarse, el autocontrol es incluso vital.

La voluntad de la propia individualidad es aquí particularmente evidente. También revela la capacidad potencialmente ilimitada de desarrollo, así como las propias limitaciones. Para dar a los demás la posibilidad de desarrollarse libremente, es importante superar tus propios miedos. Si quieres alcanzar el pilar del amor, primero debes adquirir autocontrol.

Las personas cuyo autocontrol se desarrolla como potencial de poder poseen las siguientes cosas:

- Autoestima
- Autoconfianza
- Autoestima
- Individualidad

- Sentimiento de ego

- Empatía

- Sensibilidad

- Asertividad

- Nervios estables

- Las nuevas impresiones pueden procesarse de forma óptima.

- Emocionalidad.

Si un directivo quiere desarrollar su propia identidad, también necesita un autocontrol estable. Es importante que sepan quiénes son. La autoestima y la confianza en uno mismo van de la mano de un desarrollo sano del ego. Si un directivo alcanza este estado, puede vivir una vida autodeterminada. También pueden perseguir sus objetivos de forma continuada. De su centro surge una fuerza que les permite alcanzar sus objetivos. También les permite superar cualquier obstáculo que se les presente desde su interior y con su confianza en sí mismos. Para superar las fases difíciles de la vida, una persona necesita perseverancia y paciencia. Un líder mantiene un alto nivel de sensibilidad y compasión hacia los demás y no va por la vida sacando los codos. Irradian confianza en sí mismos y empuje cada día. Por tanto, uno de los requisitos básicos para tener éxito en la vida es un fuerte pilar de autocontrol. No importa cómo definas el éxito para ti.

Sin duda conoces al cabrón interior. Es el enemigo del autocontrol. El chakra del plexo solar es la sede psíquica del autocontrol. Las energías de una persona se dirigirán contra su propio cuerpo si las ingiere repetidamente y no las utiliza. De hecho, los problemas digestivos surgen de este modo. Aquí se altera el procesamiento de los asuntos, lo que provoca una sensación de presión en el estómago. En consecuencia, la sensación de que algo no se puede digerir es un equivalente psicológico. El dicho "me revuelve el estómago" dice exactamente eso.

Si las cosas van mal en este pilar, los directivos se convierten en fanáticos del control; entonces intentan frenéticamente ganar la partida en cada situación. Para ellos, no hay nada más importante que mantener una visión de conjunto. Como ya se ha mencionado brevemente, éstos son los típicos traficantes de poder o tiranos familiares. Muy a menudo muestran rasgos de carácter negativos. Pueden ser celos, envidia, obsesión por el poder, ambición desmedida, agresividad o crueldad. El entorno de la persona reacciona ante esto de forma muy asustadiza.

Cuando el autocontrol está bloqueado, esto se manifiesta en una falta de energía. Las consecuencias son baja autoestima, inseguridades, miedo a la autoridad, autocompasión, sentimentalismo y falta de dirección en la vida. Por tanto, es obvio que una persona o líder así se convierte en víctima de sí misma, sufre depresión o adicción y lucha contra el insomnio y la desgana. Estas personas van literalmente a la deriva entre las olas. Centrándote en este pilar, puedes contribuir a tomar activamente el control de tu propia vida y no dejarte guiar por otras personas o circunstancias.

El autocontrol es una de las siete competencias más importantes de un directivo. Desgraciadamente, sin embargo, es precisamente esta fuerza la que está poco desarrollada. Esto es especialmente evidente en la insatisfacción en el trabajo, en las crisis privadas y también en las guerras entre distintas naciones. La razón es que muchas personas no están dispuestas a asumir la responsabilidad de sus propios actos. Si lo analizamos a nivel psicológico, podemos decir que estas personas se comportan como niños pequeños entre los 18 meses y los 3 años. Ésta es la fase anal. Literalmente hablando, estas personas hacen muchas cosas desagradables.

La autonomía es el objetivo principal de los siete pilares del poder. El fundador del análisis transaccional hizo especial hincapié en el control social. Es la piedra angular de la autonomía. Por desgracia, muchas personas lo malinterpretan. Suponen que basta con controlar a la gente que les rodea, su entorno y diversas cosas. Esto ni es autonomía ni significa poder. Es más bien lo contrario, porque sólo demuestra lo impotente que es la persona. El control social significa controlarse a uno mismo, sobre todo en las relaciones sociales. Por tanto, una persona debe comportarse siempre de modo que su entorno se vea reforzado y nunca debilitado. Y eso sólo puede ocurrir si consigues controlarte a ti mismo. "Contrólate" es un dicho popular que describe esto bastante bien.

La cuestión de la alineación queda así aclarada. El control siempre se dirige hacia dentro. No puedes controlar desde fuera lo que ocurre en tu interior. En realidad, hay que controlar los procesos internos. Éste es el único modo en que una persona puede empoderarse socialmente y llegar a ser socialmente aceptable.

Sin autocontrol, un directivo no puede ser socialmente aceptable y no puede cumplir la responsabilidad que se le ha encomendado. Los directivos no sólo son responsables de sí mismos y de sus actos, sino también de la empresa y de sus empleados. Por tanto, es necesario que un directivo establezca el autocontrol.

Sin embargo, el autocontrol no significa que tengas que negarte estrictamente todo, que no se te permita sentir nada o que tengas que funcionar como un robot. Al yo niño libre no hay que ponerle una correa. Se trata de dirigir tu creatividad y tu energía. Puedes recordar la siguiente frase: "Coordinar tus cualidades internas significa autocontrol".

Una persona libera su energía vital en el pilar de la pasión. El pilar del autocontrol consiste en dirigir esta energía y orientarla en la dirección correcta, la que se considera apropiada. Y esto plantea la cuestión de qué es apropiado en primer lugar. El comportamiento apropiado es siempre el que no causa ningún daño a uno mismo, a los empleados/otras personas o a la empresa.

Los problemas se encuentran en todas partes, pero especialmente donde la gente intenta evitarlos:
• asumir la responsabilidad.
• para tomar decisiones.

La responsabilidad es el criterio clave del autocontrol.

Pero, ¿qué significa el término responsabilidad? Significa que hay que dar una respuesta adecuada a la situación planteada. Debes ser capaz de darte esa respuesta a ti mismo, a tus empleados o a la empresa.

La responsabilidad siempre va de la mano del sentido de la responsabilidad. Se basa en normas profesionales y principios éticos. Por tanto, es importante que asumas la responsabilidad de ti mismo y de tus propios actos. Esto implica mucha autodisciplina y no pasar la pelota a los demás. Desviar la responsabilidad de ti mismo diciendo "no soy responsable de eso" no es un comportamiento adecuado, es irresponsable. Es sólo un intento de evitar los pequeños problemas y esperar que otro se ocupe de ellos. Si un directivo actúa así, no está haciendo su trabajo ni cumpliendo con sus responsabilidades.

Todo el mundo nace con pasión. Sin embargo, el autocontrol debe desarrollarse. En consecuencia, la responsabilidad no es algo con lo que nacemos. A lo largo de nuestra vida, aprendemos a asumir cada vez más responsabilidad. E incluso si no nacemos con responsabilidad, nacemos con un sistema sismográfico interior para la justicia. Por tanto, podemos sentir exactamente cuándo algo es justo.

Pero la forma de afrontar este sentimiento es tan diferente como lo es cada persona. No es raro ver a un directivo eludir su responsabilidad, incapaz de disculparse o de intentar enderezar las cosas. Algunos se escabullen en silencio y otros van más allá. La responsabilidad simplemente se da la vuelta como un escupitajo. Entonces se afirma que la culpa es de la otra persona. Esto significa que la culpa real del directivo se convierte en culpa de otra persona. De este modo, el directivo intenta tapar su propia vergüenza y, por tanto, se autojustifica, pero no tiene talla humana para demostrar que ha cometido un error. Y por muy loco que esto sea, el medio ambiente tiene que pagar por ello.

Intentemos diferenciar entre culpa y sentimiento de culpa. Por un lado, tenemos la culpa como una deuda real. En este caso, la persona ha hecho algo o ha dejado de hacer algo. Se ha causado un efecto negativo. A través de sus propias acciones, las personas se han endeudado a sí mismas. Si comparamos esto con las deudas con el banco, esta deuda también debe pagarse con intereses. Esto, a su vez, significa que la deuda sólo puede cancelarse si la persona cancela su deuda.

Sólo la palabra alemana Entschuldigung hace justicia a esto. Ni siquiera un banco acepta dinero falso. Por tanto, no se disculpa a quien no pronuncie correctamente la palabra disculpa. Esto deja claro que hay una falta de perspicacia y que los errores se lamentan auténtica y honestamente. Mucho más importante que la reparación material es el aspecto emocional de estar verdaderamente arrepentido y ser comprensivo.

El daño emocional causado por un paso en falso siempre es problemático. Es un gran reto compensar el daño emocional que has causado a los demás. No se trata de sentirse especialmente culpable, sino de afrontar el sentimiento de remordimiento y asumir realmente la responsabilidad. Esto, a su vez, no significa que tengas que sentirte mal.

Por otro lado, sin embargo, siempre oyes que alguien se siente culpable. Aquí también existe un sentimiento de deuda, pero no se ha contraído ninguna deuda real. El sentimiento de culpa existe aunque nunca haya ocurrido. Este sentimiento no se puede desencadenar mediante la reparación y esto se considera problemático. ¿Cómo puede una persona enmendar algo que no ha hecho? En realidad, esto no es posible: se crea un círculo vicioso. La persona se siente culpable y no puede liberarse de ello mediante buenas acciones. Parece estar atrapada en sus sentimientos de culpa. Si no puedes deshacerte de la ira justificada, esto puede ocurrir. Veamos un **ejemplo:**

Un empleado tiene sugerencias de mejora o peticiones y no es escuchado por el Consejo de Administración. Se trata de que se haga valer. Sin embargo, la Junta Directiva no quiere saber nada de esto y el empleado se enfrenta a la duplicación del trabajo. ¿Qué debe hacer con su enfado? Si lo expresa a los miembros del consejo, puede tener un final fatal. No todo el mundo tiene en casa un saco de boxeo donde descargar su ira. Así que no tiene más remedio que tragarse su enfado justificado. Sin embargo, esta ira tragada se transforma en sentimientos de culpa en el tubo digestivo psicológico. No importa lo profundos que sean estos sentimientos de culpa. Por ejemplo, experimentará un sentimiento latente de no estar bien. En ese momento, el conductor, como ya hemos visto en la columna anterior, probablemente se pondrá en marcha e intentará satisfacerlo con más vehemencia.

Una regla general dice que el 95% de todos los sentimientos de culpa son en realidad ira contenida.

> Por eso, si te sientes culpable, debes preguntarte siempre:
>
> - ¿Estoy endeudado?
> - ¿Estoy sentado sobre una vieja rabia?

Por supuesto, estas preguntas no siempre son fáciles de responder. Es importante pensar primero en ellas. Ésta es también la tarea del potencial de poder del autocontrol. Así que piénsalo, para que no te resulte difícil pensar en ello de forma despejada en tu yo adulto.

Cada comportamiento que representa una situación en la realidad se asigna siempre al yo adulto. Se incluyen todas las posibilidades que tiene la persona en cuestión.

Una reunión de científicos es probablemente lo más probable que represente una actitud adulta. Sería el típico tópico. La razón es que siempre se les considera objetivos y basados en hechos. El yo adulto se describe a sí mismo como un enfoque internacional de la realidad actual. La edad de la persona no desempeña aquí ningún papel.

- Un niño suele ser todavía ingenuo e intuitivo.
- Un adulto es lógico y tiene una mente racional y analítica.

La información se absorbe y se procesa. En el proceso, se reconocen las conexiones, se sopesa la probabilidad de verdad y se sacan conclusiones. Ésta es la base de nuestra toma de decisiones. Las personas con una buena actitud del yo adulto se comportan predominantemente de forma objetiva, lógica y coherente. Describen sus propias percepciones y explican sus conexiones sin idealizarlas. En realidad, es posible que todo el mundo adopte este estado del ego. Sólo podrías salir de él hablando si sufrieras un derrame cerebral. Sin embargo, es posible que no se utilice este estado del yo productivo. Por desgracia, esto no es una excepción, sino que se está convirtiendo cada vez más en la norma.

Cuando examinamos el pilar de la pasión, aprendimos acerca de sus oscurecimientos como los cinco generales. Es importante que estos oscurecimientos se disuelvan para que la persona del ego adulto también pueda sentir, pensar o actuar adecuadamente. Echemos otro vistazo a las impurezas también aquí.

Ya hemos diferenciado los estados del ego en las columnas anteriores. En esas columnas, los estados del yo niño, del yo adulto y del yo padre estaban claramente separados entre sí. Sin embargo, no siempre el contenido de los estados del ego difiere de los demás. No todos los directivos tienen la capacidad de pasar de un estado del ego a otro. Ahora se plantea la cuestión de qué ocurrirá cuando dos de estos estados del ego se mezclen. Se produce una confusión. Por ejemplo, un directivo puede confundir las partes del ego infantil con partes del ego adulto. En esta situación, cree estar actuando desde el estado del ego adulto, pero en realidad está actuando por impulsos del ego infantil y, por tanto, se muestra rebelde. Sin embargo, también es posible que siga las directrices del ego padre y se deje controlar por los cinco generales. También puede decirse que el contenido de un estado del yo ha traspasado los límites y, por tanto, ha penetrado en el otro estado del yo. Sólo el ego adulto se enturbia alguna vez, por lo que son posibles dos variantes.

La nube del ego paterno

Si un directivo considera que las afirmaciones de sus padres son la realidad de su ego adulto, existe una nubosidad procedente del ego paterno. Han adoptado estas creencias de sus figuras de autoridad y también las han entendido como hechos. Esto significa que lo que los padres u otras figuras de autoridad dijeron en su día es un hecho e inatacable. En otras palabras, son los prejuicios o generales que habitan en nuestras cabezas.

Los siguientes ejemplos son posibles enturbiamientos del ego parental:

Mis empleados son unos vagos.

Esta empresa no tiene ni idea del producto.

La administración no hace más que dormir todo el día.

De todos modos, no puedes confiar en los demás.

Consejo:

Lo más probable es que las personas a las que les gusta hablar con "hombre" sean adictas a un enturbiamiento del ego paterno. He aquí una frase de ejemplo: "Todas estas tonterías de los equipos son inútiles. Las manadas se pelean, las manadas se llevan bien. Así son las cosas y no hay nada que puedas hacer al respecto". Son precisamente estas afirmaciones las que los niños recogen de sus padres. Sin escudriñarlas, se las creen en cualquier situación.

El enturbiamiento del yo infantil

El pensamiento claro se ve perjudicado por el hecho de revivir todas las situaciones. En este caso, tienes una nubosidad del ego infantil. La persona cree que está experimentando la realidad, pero en su lugar se ha reproducido una vieja grabación.

Ejemplo:
Sales de la habitación y oyes que los demás se ríen. Cualquiera que esté en la nube del ego infantil pensará lo siguiente: "Estaba claro que se reían de mí a mis espaldas".

En este caso hablamos de autoengaño:

• No puedo hablar delante de otras personas.

• Mundos diferentes chocan cuando se trata de una lengua extranjera y yo.

• Nací agitada.

• De todas formas, nadie me toma en serio.

Son precisamente estos efectos enturbiadores los que

distorsionan tu pensamiento y conducen a un estrechamiento de tus opciones de acción. Tu marco de referencia personal muestra si restringen tus posibilidades de sentir, pensar y actuar, y cómo lo hacen.

El marco de referencia personal

¿En qué marco te has movido? ¿Es quizás ampliable? ¿Tiene límites rígidos e inamovibles? ¿La nueva información se integra o rebota en ti? ¿Eres capaz de adaptar tu propio marco de referencia a la nueva información y así ampliarlo? ¿Ves todo a través de unas gafas tintadas? ¿Eres capaz de asimilar cosas nuevas?

Cuando hablamos de marco de referencia, nos referimos al marco de referencia de una persona, es decir, a su propia norma para juzgar si algo es importante, no importante, justo o incorrecto. El marco de referencia se entiende de forma más amplia en el análisis transaccional, es decir, como la realidad en la que se vive. Todas las experiencias que tiene una persona se ordenan de tal modo que puede surgir una estructura reconocible. Éste es el marco familiar. Todo el mundo se siente seguro y cómodo en su propio marco.

Algunas personas se sienten inseguras debido a una reorientación. Sólo pueden volver a relajarse cuando la reorientación ha tenido éxito. Sin embargo, si ésta no tiene éxito, conduce a la agresividad o a la resignación. El margen de maniobra, las relaciones interpersonales, el objetivo y las normas válidas en la empresa influyen en que la reorientación funcione.

También puede decirse que el marco de referencia de una persona es un conjunto de sus propias creencias, es decir, su visión personal del mundo. Este marco se percibe como una opinión profundamente arraigada. Si es necesario, también se defiende. Sin embargo, es evidente que existe un número inabarcable de creencias. La gente ya ha encontrado cuatro categorías principales en el pilar de la firmeza, en las que puede clasificar todas las actitudes.

Dependiendo de si una persona tiene la capacidad de integrar las opiniones y actitudes de los demás, su propio marco de referencia puede ampliarse con flexibilidad. Muchos directivos, pero también empleados, reaccionan a la defensiva ante la nueva información. Lo nuevo se percibe como una amenaza, se omite por completo o se distorsiona para que siga encajando en los viejos casilleros.

Veamos un **ejemplo.**

Un directivo piensa que todo el mundo es incompetente. Como resultado, los empleados son etiquetados y sólo se les asignan tareas sin importancia, lo que les hace sentir una clara desaprobación. Como resultado, se frustran, se retraen interiormente y sólo hacen su trabajo según las normas. A partir de estas reacciones, el directivo ve confirmadas las suposiciones de los empleados. Le siguen frases como: "¡De todas formas, nadie se compromete con la empresa!".

Seguirá sin delegar ninguna tarea importante en los empleados. Esto confirma el marco de referencia. Sin embargo, se trata de un círculo vicioso. El jefe regaña al empleado, que se retira de sus áreas de responsabilidad frustrado. Pero también puede ser así: El empleado se retira de sus áreas de responsabilidad, el jefe le regaña. Ambos experimentan que reaccionan al comportamiento provocador del otro. ¿Pero cómo puede ocurrir esto?

La percepción selectiva se utiliza para confirmar el marco de referencia existente. La información, las opiniones y las actitudes que no encajan en el marco de referencia existente de una persona no se perciben, se excluyen o se doblegan hasta que encajan en el viejo patrón.

Quizá lo sepas exactamente por tu trabajo diario. Se plantea un problema, pero tus colegas lo ven de otro modo. "Me gustaría saber de dónde sacas siempre algo así", o, y esta reacción es especialmente popular entre los colegas mayores: "Sí, yo también lo sé, pero cuando llegues a mi edad, verás que no lo quieren de otra manera. Por mucho que lo intentes, no pasará nada". Esto se basa en una negación o devaluación de ciertos aspectos de la realidad, lo que se denomina "descuento".

Es el caldo de cultivo de formas improductivas de afrontar los problemas. Al mismo tiempo, también es una fuente de bloqueos y malentendidos en lo que respecta a la comunicación. Cualquiera que sepa a qué prestar atención lo reconocerá de inmediato: olvidar, pasar por alto, no tomarse las cosas en serio, restar importancia, evitar, negar, desmentir y mucho más.

De estas reacciones puede derivarse una jerarquía de conciencia del problema. Se divide en cuatro niveles, cada uno de los cuales se basa en al menos una devaluación. Cuanto más lejos estés de una solución, más energía desperdiciarás en la ineficacia. Sin embargo, cuanto más te acerques a una solución, más energía tendrás disponible para ella. Esto significa que también puedes pensar con más claridad.

Los cuatro niveles son:

• 1) No hacer nada: Esto es lo más alejado de un enfoque constructivo y responsable del problema.

• 2) No importa: el problema se reconoce, pero no se

considera tan grave. El problema se devalúa.

• 3) No se puede hacer nada: Se reconoce que el problema es importante, pero se cree que no puede resolverse.

• 4) No puedo hacer nada: La gente devalúa completamente sus propias capacidades y a menudo hace afirmaciones que no son ciertas.

Un directivo que desvaloriza mucho repetidamente se catapultará repetidamente a situaciones más estresantes que los que desvalorizan menos: se desperdicia energía. No avanzan en la resolución del problema y se quedan atascados, lo que provoca más sentimientos desagradables. El comportamiento pasivo acentúa la aparente incapacidad y se desarrollan complejos de inferioridad.

Si un directivo conoce y presta atención a la información relevante, estará más cerca de abordar los problemas de forma constructiva y podrá evaluar de forma realista la importancia del problema comunicado. Esto también les permite considerar distintas opciones de solución y, en última instancia, decidir una opción adecuada y ponerla en práctica.

Consejo:

Disciplínate para percibir todos los aspectos de una situación y darte cuenta de su valor. Si esto sigue sin ayudarte, debes buscar una discrepancia entre el problema y tu propia conciencia del problema. Por lo tanto, es necesario comprobar si debes analizar la situación dada por tu cuenta o buscar el apoyo de una persona neutral. ¿Puedes mantener el nivel que has alcanzado al final del autoanálisis? Si das un paso atrás, es importante analizar por qué diste ese paso o por qué te resististe.

Resumamos una vez más:

• El ego adulto sin nubes es autocontrol.

• La responsabilidad es el criterio clave del autocontrol.

• Si quieres dirigirte a ti mismo o a tus empleados de forma responsable, necesitas absolutamente un ego adulto despejado.

• Es importante despejar un estado de ego adulto nublado para poder trabajar de forma productiva.

• La madurez y el poder se alcanzan cuando abandonas la resistencia.

• Los que tienen autocontrol pueden pensar con

claridad y sin trabas.

• Tienes confianza y aplomo al enfrentarte a situaciones nuevas.

• Irradias confianza en ti mismo y empuje.

• Incluso con poder y fuerza personales, tienes un alto grado de sensibilidad y compasión hacia los demás.

• Se te considera una persona responsable y digna de confianza.

• Los ganadores son directivos con un ego adulto sin nubes.

12,7 AMOR

¿Puedes amar de verdad sin condiciones? El pilar del amor es el centro interior que nos da el poder del amor, con el que podemos mover montañas. A nivel psicológico, se trata del hecho de que toda persona tiene derecho a ser amada y aceptada favorablemente, sin tener que doblegarse, sin tener que complacer a nadie y sin tener que hacer nada por ello. Como en los primeros pilares, aquí hay dos polos que se enfrentan: El amor y la indiferencia.

Una persona que sabe amar también es capaz de superarse a sí misma, de ir más allá de sus propios límites y de conseguir cosas que parecen imposibles.

Pero si una persona se entrega a la frialdad de la indiferencia, ya no hay buena voluntad. Se trata de un estado muy aterrador que roza la crueldad y, de paso, hiere a los demás. Aquí, el hombre es frío e indiferente.

¿Te has enamorado alguna vez? Entonces probablemente sepas que es un sentimiento maravilloso. Todo el mundo, aunque no lo demuestre abiertamente, quiere amar y ser amado por los demás. Todos sabemos lo maravilloso que es ese sentimiento. Un directivo que se acepta a sí mismo puede tratar a sus empleados de forma relajada y benevolente.

El amor es muy poderoso. Garantiza que los empleados sean tratados con amor y apoyo. Aleja literalmente del egocentrismo. Cuando el pilar del amor está bien desarrollado, no hay diferencia entre simpatía y antipatía. Da una gran fuerza y apertura. Se crean conexiones con otras personas sin que la propia persona tenga en mente intereses egocéntricos.

El chakra del corazón es el centro del ser humano. También conecta los tres primeros pilares, que están relacionados con las emociones y son impulsados por los efectos, con los tres pilares de la conciencia humana superior. De hecho, este potencial de poder desempeña un papel fundamental en el desarrollo personal de una persona.

La clave de la humanidad es el amor.

Las personas cuyo potencial de poder es el amor desarrollado tienen las siguientes cosas:

- Humanidad
- Compasión
- Afecto
- Caridad
- Autoestima
- Calor emocional
- Expresividad artística
- Tolerancia
- Apertura
- Demarcación saludable.

Si el pilar del amor está bien desarrollado en un directivo, éste es capaz de comunicarse de corazón a corazón. Se acerca al empleado de forma imparcial, sin afectación y sin tener que fingir. La apertura y la tolerancia hacia otras ideas y culturas son tan importantes como unas relaciones sanas. Cuando el pilar del amor se desarrolla de forma sana, es más fácil que las personas cedan responsabilidades. Responsabilidad sobre los empleados, los compañeros, los proyectos o incluso la empresa.

El enemigo del amor es el sufrimiento. Depende de la orientación personal de la persona, por lo que el sufrimiento se manifiesta como lástima o autocompasión. Las perturbaciones en el pilar del amor pueden adoptar la forma de problemas cardíacos, sensación de opresión en el pecho y problemas respiratorios. A las personas les resulta muy difícil acceder a sus propios sentimientos cuando la fuerza del amor es muy débil. Ni siquiera importa que los tres primeros pilares estén bien desarrollados.

Un directivo cuyo pilar del amor sólo está débilmente desarrollado también es incapaz de cuidar de sus empleados. Tampoco son capaces de amarse a sí mismos. A menudo sufren soledad y aislamiento, y les resulta difícil socializar. Esto les ocasiona muchos problemas relacionados con dar y recibir. También les cuesta abrirse a los empleados y reconocer sus estados de ánimo. Este directivo no está en condiciones de aceptar el reconocimiento de los demás ni de transmitir el autorreconocimiento. Por tanto, no es sorprendente que este directivo parezca emocionalmente frío ante los demás. Como estos directivos carecen de calidez y compasión, su comportamiento suele interpretarse como hostilidad y egoísmo.

Hay directivos que intentan repetidamente

compensar esta carencia. Lo hacen de la siguiente manera: Se muestran enfáticamente amables, serviciales o tolerantes con sus empleados. Sin embargo, este comportamiento resulta muy impersonal, porque no se puede dar lo que no se tiene. Se trata de una forma pervertida de amor, que puede conducir incluso al síndrome del ayudante. En este caso, te olvidas de ti mismo pero te sacrificas por los demás. Cuando se desarrolla el potencial de poder del amor, éste protege contra los sentimientos fríos, las dificultades para socializar, la dureza, la amargura y la hostilidad.

El desarrollo del pilar del amor es el requisito previo básico para el contacto de confianza con otras personas. Una parte importante de esto es el amor a uno mismo. Si una persona no se soporta a sí misma y no se gusta, ¿cómo podrá amar a los demás?

En este momento, probablemente te estés preguntando qué tiene que ver el amor con el trabajo. Al fin y al cabo, vas a trabajar para ganar dinero. Por eso no es de extrañar que algunas empresas quieran omitir precisamente este pilar o al menos etiquetarlo como cuidado. Al fin y al cabo, no sería tan íntimo y no daría lugar a malentendidos.

Pero deberías preguntarte realmente qué tiene de engañoso el amor. ¿Serías capaz de vivir sin amor? Una persona hace muchas cosas para encontrar el amor. Algunas personas viajan por el mundo o se trasladan a otro lugar para estar con el amor de su vida. Aprenden nuevos idiomas, se integran en culturas extranjeras y todo ello por amor. ¿Haces quizás algo parecido por tu trabajo?

Muchas personas quieren separar el amor del trabajo. El hecho es que todo el mundo necesita amor en su vida privada. Pero, ¿y en el ámbito profesional? ¿No necesitas amor allí? Puedo decirte que allí también lo necesitas. Aunque no estés en el trabajo en privado, sigues estando allí en persona. Todo el mundo necesita y quiere amor. Pero eso no significa que deba ser amor íntimo en el lugar de trabajo. Sin embargo, un cierto contacto afectuoso sigue siendo importante.

Muchos escépticos deberían recordar que, en los tiempos que corren, podemos optimizar casi exclusivamente el factor humano, puesto que todos los demás factores ya están ampliamente agotados. Y las emociones son lo que mueve a todo el mundo. Por tanto, nadie puede permitirse prescindir de su capital emocional.

Todo el mundo sabe qué es el amor y en qué consiste. Pero es difícil definir esta palabra. Al fin y al cabo, los sentimientos son muy complejos y es difícil describirlos en una sola frase corta. También ocurre que el amor puede variar en intensidad y también tiene un peso diferente. El amor a tus propios padres, por ejemplo, es diferente al amor a tu pareja o a tus propios hijos. Por tanto, también es diferente hacia los empleados.

> **Intentemos ahora definir la palabra amor.**
>
> El amor es mucho más que un sentimiento. El amor es probablemente el mayor poder curativo de todo el mundo. El amor tiene una hermana pequeña, que recibe el nombre de simpatía. Ambas pueden distinguirse sólo en algunos aspectos.

El amor se caracteriza por los tres aspectos siguientes:

• Cuidado: Se trata de preocuparse por la felicidad y el bienestar de otras personas.

• Apego: Describe la necesidad de estar cerca de otra persona y de cuidarla.

• Intimidad: Describe la franqueza de poder hablar de todo y sentirse libre.

El hecho es que una vida sin amor enferma.

La simpatía se caracteriza por los dos aspectos siguientes:

• Agradecimiento

• Se supone que la pareja es similar.

Llegados a este punto, muchos directivos probablemente se sentirán reivindicados e insistirán en que el aprecio en el lugar de trabajo debe ser suficiente. La intimidad, por otra parte, no pertenece al lugar de trabajo. Sin embargo, la mayoría de los directivos olvidan que uno de sus deberes es el deber de cuidar. El deber de todo directivo es querer a sus empleados como lo hacen los padres. Al fin y al cabo, es responsable del bienestar y el crecimiento de cada empleado.

Por tanto, el amor paterno está activo en el potencial de poder del amor. Ya has aprendido este concepto a través de los estados del ego. Por tanto, se requiere un ego parental positivo y afectuoso. Éste muestra características y comportamientos como la madre cuidadosa hacia su hijo:

• Protección
• Atención
• Elogio
• Ayuda
• Apoyo a
• Apaciguamiento
• Ánimo.

Y precisamente estas cualidades son indispensables para los trabajadores en muchas situaciones. También son muy valoradas. Una actitud positiva y cariñosa de padre y madre garantiza un auténtico respeto por los empleados. Todos los directivos deberían preguntarse si sus acciones reflejan una actitud afectuosa. Llegados a este punto, nadie debería asustarse y preguntarse lo agotador que será querer a todos sus empleados. Puedo disipar este temor inmediatamente, porque no se trata de construir 200 relaciones de amor individualmente. Es mucho más importante consolidar y establecer una única relación amorosa contigo mismo. Tu propio corazón se abre automáticamente y los 200 empleados pueden encontrar un lugar en él. Este esfuerzo te muestra lo mucho que intentas construir el amor para otra persona que todavía no lo ha desarrollado bien para sí misma.

Lo mejor es que memorices la siguiente frase: "Cuanto más esfuerzo sientas, más debes trabajar en tu capacidad de amar".

Si consigues quererte a ti mismo, te darás cuenta de lo fácil que es encontrar algo positivo incluso en tus desagradables contemporáneos. Esto también facilita que los veas con buenos ojos. Tu capacidad de amar y tus dotes de liderazgo aumentarán. Puedes imaginarte un muro de peldaños del amor. Cuanto más seas capaz de amar, más alto subirás. Al principio, sólo amas cuando te aman. Ahora amas espontáneamente y quieres que te vuelvan a amar. Más tarde, amas incluso cuando no te aman. Esto se debe a que el amor es aceptado. Ahora, finalmente, amas pura y simplemente sin necesidad y sin otro placer que el amor mismo.

El amor también puede describirse como un motivador del cambio. Si una persona tiene el deseo y está dispuesta a comprometerse con alguien o con una causa, esto surge del amor. Esto requiere una gran cantidad de energía, que proporciona el pilar de la pasión. El pilar de la firmeza también proporciona estabilidad para que no te pierdas de vista a ti mismo ni a tu objetivo. Por tanto, el motivador se compone de tres áreas. La gente las ha consolidado en los tres primeros pilares. Se trata de la individualidad, la lealtad y el amor a la verdad.

Individualidad firmemente anclada

Los que han adoptado una postura positiva aprenderán a quererse a sí mismos tal como son en realidad. Lo principal aquí es que las personas se acepten tal como son. Esto también significa aceptar sus pequeños defectos y carencias. Muchas personas sólo se ven a sí mismas como queribles si cumplen un determinado ideal de belleza o rendimiento. Esto nos muestra lo poco desarrollada que está el área del amor, porque no se puede hablar de estabilidad de este modo.

La lealtad inquebrantable

Una vez que has aprendido a amarte a ti mismo, también estás preparado para dirigirte a otras personas. Esto también se conoce como amor a la otra persona. Es importante comportarse de forma emocional, objetiva y, sobre todo, leal. También es importante que las personas tomen conciencia del papel que desempeñan en la vida de los demás. Esto va de la mano del pilar del autocontrol, que representa la responsabilidad hacia los demás.

La veracidad consciente

Aquí nos centramos en la importancia de la verdad. El amor sólo puede florecer si es sincero. Por eso, los narcisistas tienen grandes problemas con el amor propio, por ejemplo. Un narcisista cree que es el mejor y el más grande, pero a menudo se engaña a sí mismo. Y debido al hecho de que los narcisistas se engañan a sí mismos, no son capaces de amar de verdad. Básicamente, se engañan a sí mismos. Un narcisista sólo puede amar cuando está preparado para reconocer sus asperezas y ser capaz de amarse a sí mismo. Ya ha quedado claro que un directivo tiene la tarea de amar a sus empleados. A cambio, también sería bueno que sintiera amor por parte de sus empleados. En este punto, sin embargo, llegamos a un problema. Esto es exactamente lo que desean muchas mujeres directivas en particular. Pero si como resultado pierdes tu disposición a criticar -después de todo, no quieres pisarles los talones a tus empleados-, puedes acabar restándote poder. De este modo, la capacidad de afrontar conflictos se reduce por la inhibición de la confrontación. Se crea una posición de más-menos. Y de ahí surge el deseo de ser querido por tus empleados. La tentación de ser un "complaciente" es aquí increíblemente fuerte. El directivo querrá intentar complacer a sus empleados. En el lado opuesto, sin embargo, está la crítica necesaria, que no es agradable.

Esta combinación más-menos significa que el directivo no puede ser poderoso. Si quieres que tus empleados te quieran, los necesitas. Un directivo dependiente no puede ser un directivo poderoso. En este caso, es más probable que sea impotente, lo que confirma la posición más-menos.

Un hombre directivo, en cambio, tiende a querer ser respetado. Esto, a su vez, no inhibe su disposición a entrar en conflicto. Son incluso más poderosos en el trato con sus empleados. E incluso si un directivo masculino quiere ser respetado, no rehuirá expresar su opinión y enfrentarse claramente a los demás con ella. Y si a veces ocurre que un empleado se pone personal, esto no tira inmediatamente de la manta bajo los pies del directivo. Se podría decir que tienen la siguiente actitud:

"Aunque a la gente no le caiga bien personalmente, sigue apreciando mi trabajo como directivo". Por tanto, estos directivos se interesan por lo que hacen. Esto, a su vez, les hace poderosos. Sin embargo, un directivo orientado hacia "él" se interpone en su propio camino, sobre todo si antepone las buenas relaciones al trabajo. Existe una regla empírica al respecto: un directivo tiene el deber de amar a sus empleados. Los empleados deben respetar y valorar al directivo.

El amor también se denomina ego parental positivo y cariñoso.

Resumamos una vez más:

• La devoción es el criterio clave del amor.

• El ego de padre productivo y cuidadoso es indispensable; sólo así se garantiza el deber de cuidado hacia los empleados.

• El estado del ego productivo debe seguir desarrollándose.

• La humanidad es el efecto de un liderazgo amoroso.

• Los empleados reciben protección, apoyo y estímulo.

• En situaciones cargadas de emociones, un directivo puede, no obstante, fortalecer a sus empleados.

• El liderazgo es benevolente y se caracteriza por unas relaciones sanas.

• El trato de los directivos con sus empleados se caracteriza por la tolerancia y la franqueza. Todo ello combinado con unos límites sanos.

• Cuando el pilar del amor está suficientemente desarrollado, las personas son ricas en afecto y buena voluntad. Al mismo tiempo, disfrutan de la vida.

• Los verdaderos ganadores son los directivos con un ego parental positivo y afectuoso.

12.8 COMUNICACIÓN

¿Siempre consigues encontrar el tono adecuado? La comunicación permite a las personas intercambiar ideas. Quieres escuchar la verdad y decirla. El potencial de poder de la comunicación te da voz. Y aquí también es importante decir que hay dos fuerzas polares. Éstas son la comprensión y la sordera.

Quien se comunica quiere dar a conocer algo. A través de la comunicación, las personas pueden darse a conocer. Esto también se conoce como dar y recibir a nivel espiritual. Las personas que no se comunican se callan. En voz alta o en silencio. Lo ruidoso se caracteriza por la dominación, la manipulación y los juegos de poder. El silencio se caracteriza por la timidez, las inhibiciones y el miedo al conflicto. Les falta valor para defender su propia opinión, lo que pone en peligro la conservación de su identidad.

El pilar de la comunicación es una interfaz con el mundo exterior. Refleja el mundo interior y garantiza un entorno adecuado a nivel material y social. Independientemente del daño postural interior que tengas, éste siempre se reconoce en tu propia comunicación. Controla la autoexpresión y estructura la postura, el habla, las expresiones faciales y los gestos.

Por tanto, el lema del pilar de la comunicación es: "Las personas pueden mostrar de qué están hechas". Si se amplía este potencial de poder, es posible aumentar la percepción interior y exterior. De este modo, puedes expresar tu interior al mundo exterior sin distorsiones.

Las personas cuyo potencial de comunicación está bien desarrollado disponen de las siguientes

cosas:

- Conciencia lingüística
- Gran capacidad de comunicación
- Seguridad en el lenguaje
- Seguridad en el sonido
- Capacidad de aprendizaje
- Capacidad de concentración
- Carácter distintivo
- Pensamiento racional
- Independencia bien desarrollada
- Individualidad bien desarrollada
- Intereses diversos
- Inspiración.

Si el pilar de la comunicación de un directivo está bien desarrollado, es capaz de expresarse y comunicarse con los demás. Aquí se utiliza el poder de la palabra, pero nunca se explota. Por tanto, estos directivos tienen un tacto infalible para el lenguaje y la palabra. Saben reconocer lo que hay entre líneas. Estos directivos también son capaces de encontrar el hilo conductor en cantidades inmanejables de información. Además, su capacidad de aprendizaje y concentración es muy alta, lo que a su vez sacia su sed personal de conocimientos. Las características de una personalidad madura son la búsqueda constante de la verdad y la fuerza para expresar esta verdad.

El enemigo de la comunicación es la mentira.

Si el pilar de la comunicación está poco desarrollado, surgen grandes dificultades cuando directivos y empleados quieren intercambiar ideas. Los afectados suelen decir que les resulta difícil lo siguiente

• Encontrar las palabras adecuadas

• Expresar sentimientos y pensamientos con el lenguaje

• Dar en el clavo.

En casos extremos, la falta de expresión puede incluso provocar trastornos del habla, como la tartamudez.

Los directivos afectados son poco conscientes de que tienen miedo de sus propias opiniones. Son muy tímidos a la hora de compartir sus pensamientos y sentimientos con otras personas. Esto provoca más inhibiciones y timidez. De hecho, estas personas ya no pueden disfrutar de la compañía de los demás. Si hay bloqueos dentro de este potencial de poder, sabotean la comunicación interior. A las personas les resulta muy difícil decidir lo que realmente quieren. El contacto con su propio subconsciente está gravemente perturbado, por lo que les resulta muy difícil aprender de sus propios errores.

Si este potencial de energía está mal dirigido, los problemas resultantes son claramente audibles.

- Ronquera
- Voz entrecortada
- Pareces duro
- Tiendes a agotarte rápidamente.

Los empleados perciben a un directivo así como obsesivo y un charlatán desconsiderado al que no le interesa lo que los demás tienen que decir. Puede decirse que estos directivos intentan encubrir el hecho de que básicamente no tienen nada que decir hablando mucho. Otras expresiones de comunicación pervertida en este caso son la incitación contra los demás y la intimidación.

Aquí se encuentran los llamados demagogos. Quieren cambiar el mundo según sus propias ideas. Ofrecen muchas razones bien pensadas para ello. Discuten por discutir. Discuten por discutir. Esto no tiene sentido, porque la comunicación no se utiliza para alcanzar un objetivo que permita avanzar a ambas partes. Lo único que importa aquí es la fricción. Aquí se muestra el espíritu de la actitud peyorativa más-menos. También es una prueba de que esta persona no es capaz de intimar en el pilar del amor. Se está intentando crear una cercanía sustitutiva mediante la discusión.

Aquí se aplica la siguiente regla empírica: los problemas no surgen en la comunicación, se resuelven.

En este pilar rara vez se desarrollan síntomas mentales o físicos. Más bien, aquí se ponen de manifiesto los daños en la postura causados por los potenciales de poder anteriores. En consecuencia, el pilar de la comunicación también puede ser una herramienta de diagnóstico. Quienes lo comprendan, sabrán dónde tienen que ponerse al día.

Siempre comunicas tu actitud interior, lo quieras o no. Muestras automáticamente de qué estás hecho. Por tanto, la comunicación también puede considerarse un espejo del mundo interior. Se puede suponer que el entorno reacciona al mundo interior de una persona. En realidad, pocas personas pueden dejarse engañar por unas palabras bien elegidas. Es como una profecía que se cumple. Se crea automáticamente un entorno adecuado alrededor de la persona. Las personas que se sienten inferiores son tratadas como tales. A los que tienen poca confianza en los demás se les confirmará esto una y otra vez. El dicho: "Como grita la voz en el bosque, así grita la voz fuera" es muy acertado a este respecto. La gente siempre recibe comentarios sobre su propia actitud a nivel social o material. Esto, a su vez, significa que eres consciente de tu propia mala postura a través de las reacciones de los demás. Por supuesto, esto a veces no es fácil, pero deberías intentar prestar atención a esta retroalimentación inconsciente.

Ahora empezamos bien

Antes de abordar este poderoso potencial de la comunicación, es realmente importante que te hayas familiarizado con los cuatro pilares anteriores. Si no lo has hecho, no podrás abordar de forma productiva los siguientes ejemplos, información y consejos. Las personas que estén bien desarrolladas en los cuatro primeros pilares podrán aspirar a un nivel superior en el pilar de la comunicación. En este punto, es importante integrar el potencial de poder existente en la comunicación de forma más diferenciada. Ahora es importante saber con quién haces qué, de qué manera y por qué. Esto es especialmente importante para un directivo. En las páginas siguientes, aprenderás que realmente puedes comunicar todo a otras personas sin hacerles daño. Cómo funciona esto es simplemente una cuestión de habilidades comunicativas. El requisito previo es un cierto vocabulario y un buen estilo de hablar. No digo que tengas que memorizar lo que quieres decir. Se trata más bien de reconocer cómo se manifiestan las actitudes básicas y cómo puedes responder a ellas para progresar juntos. Y es precisamente este conocimiento el que se refiere a los canales de comunicación verbal y no verbal.

Aquí es importante tener cuidado con la llamada psicología laica. Es muy frecuente que se vendan como sabiduría generalizaciones inadmisibles. Un ejemplo de ello: En una sesión de asesoramiento en equipo, alguien se sienta con los brazos cruzados. Esto significa que esa persona está retraída y es inaccesible. Aquí hay que tener en cuenta varios factores. Tal vez haga frío en la sala. Observa también si esta persona no tiene reposabrazos y, por tanto, no sabe dónde poner los brazos. Quizá también tenga una postura de menos a más y, por tanto, se agarra a sí misma. Quizá también quiera señalar que los demás no pueden hacerle daño adoptando una postura de más-menos.

Comunicación no verbal

El desequilibrio de poder entre dos interlocutores se refleja claramente en el lenguaje y el comportamiento conversacional. Lo decisivo aquí no es la parte verbal de la comunicación, sino la no verbal. Las investigaciones han demostrado que alrededor del 93% de la interacción se basa en la comunicación no verbal. Cada persona causa una impresión en su interlocutor. Ésta se compone de tres elementos:

• 58 % la apariencia externa, es decir, el lenguaje corporal y la vestimenta.

• 35 % la voz, en la que intervienen el volumen, la estabilidad y la frecuencia.

• El 7 % representa el contenido, es decir, lo que realmente se dice.

Esto nos lleva a la conclusión de que lo que cuenta siempre es cómo dices algo, no lo que dices. Ya de niños aprendimos a utilizar el lenguaje corporal. El mayor efecto posible se conseguía poniéndonos a prueba cuidadosamente. En los adultos, el lenguaje corporal es mucho más inconsciente. Incluso parece que ocurre de forma casual. La persona con la que hablas no es consciente de ello. Sin embargo, el efecto no es menor, sino mayor, porque nadie se da cuenta de a qué está reaccionando.

Comunicación sumisa

El lenguaje corporal de las mujeres de bajo estatus es la actitud de menos a más. De hecho, el 95% de los gestos publicitarios de las mujeres consisten en poses sumisas y de ofrecimiento. Por tanto, si una mujer ocupa una posición de liderazgo y no está dispuesta a renunciar a estas señales de subordinación femenina en su vida profesional, esto le acarreará muchas desventajas. Los hombres, en particular, reaccionan muy fuertemente ante esto, ya que refuerza su posición superior. Por supuesto, la mujer ganará aceptación como resultado, pero el precio de ello es que se descalifica a sí misma a nivel profesional. Por tanto, en la vida profesional, las mujeres siempre tienen que decidir si quieren ser reconocidas por su feminidad o por su profesionalidad.

Hay muchas mujeres que intentan resolver el problema volviéndose poco femeninas. Pero convertirse en una mujer-hombre no es una solución. Una mujer puede y debe ser siempre una mujer. Lo importante es que dirija a su equipo y no coquetee. De hecho, este gesto de subordinación también puede observarse en los hombres. Por eso no es de extrañar que su liderazgo no resulte poderoso y no se tome en serio. Si un hombre es brillante profesionalmente y tiene buenos argumentos, pero no tiene la postura adecuada, a los empleados les resultará difícil tomar en serio a ese directivo.

En la subordinación, el objetivo de la postura es empequeñecer al macho o a la hembra. Esto requiere una postura estrecha y cerrada. También es muy tensa y los brazos se mantienen pegados al cuerpo. La mirada está siempre baja y la persona habla muy bajo. El objetivo de esta persona es ocupar poco espacio. Para torpedear sus afirmaciones, también pueden encogerse de hombros tras una argumentación bien fundada. También se refiere a las personas que levantan la voz interrogativamente al final de su declaración.

Comunicación dominante

Con el lenguaje corporal dominante más-menos, el objetivo de la persona es ponerse en primer plano. Muchos hombres caen en esto inconscientemente. La razón es que el gesto publicitario masculino equivale a un ensanchamiento visual. Enfatiza la fuerza y el poder, lo que muchos malinterpretan como masculinidad.

La señal de dominación es siempre: "¡Soy más grande que tú!". Siempre se memoriza inconscientemente que la persona que es más dominante también tiene derecho al poder. Una persona poderosa no tiene que esconderse. Las personas que pueden representarse a sí mismas no tienen miedo.

También se observa que las personas dominantes no sonríen mucho. De hecho, creen que no necesitan ser amables, simpáticas y complacientes. Un líder así puede ser ruidoso o peligrosamente silencioso.

Vayamos al meollo de la cuestión:

El objetivo de la comunicación sumisa es establecer relaciones. Se utiliza para lograr el reconocimiento de la pareja dominante. Esto indica que necesitas a la otra persona, pero al mismo tiempo irradia impotencia y enfatiza la dependencia percibida.

El objetivo de la comunicación dominante es presentarse a uno mismo. Los líderes más-menos utilizan precisamente este comportamiento para afirmarse. El objetivo es subrayar su propia fuerza y señalar a los demás que no se les necesita.

Para que sea posible una actitud básica saludable al trabajar juntos, necesitas una postura que ocupe espacio sin quitarlo a los demás. Un jefe que indica a sus empleados que está ahí les da una sensación de seguridad. Al fin y al cabo, un gran jefe no tiene por qué temer un ataque. Tampoco necesita desplazar a los demás.

Quien adopta esta postura utiliza el espacio de que dispone a nivel no verbal y verbal. Esto significa que cada persona tiene espacio suficiente para extenderse. Las personas que se exceden se ven limitadas. A los que no se atreven, se les anima a expresarse.

Pero, ¿cómo funciona? Cuando hablamos de comunicación, estamos hablando de algo interactivo. La mejor forma de hacerlo es imaginar que estás haciendo música con la persona con la que hablas. Sólo existe el deseo de crear algo juntos. De este modo, podéis encontrar un ritmo juntos, creando melodías. A veces una persona pone el tema, la otra el tempo. Y cuanto más estilo aportéis, menos disonancias se producirán. Incluso los pequeños errores pueden convertirse en nuevas melodías. De este modo, amplías tu repertorio.

Ahora se plantea la cuestión de cómo os influís mutuamente y qué necesitáis para avanzar juntos de verdad. También es importante averiguar adónde quiere ir cada uno. También tienes que echar un vistazo a los puntos en común que sustentan la pieza global.

Si quieres aplicar esto a la gestión cotidiana, significa que tienes que recordarte continuamente cuáles

de tus propios comportamientos apelan a qué posici‐
ones básicas de tu interlocutor. También es im‐
portante averiguar qué puede reducir la resistencia.

El pilar de la comunicación muestra si el
desarrollo en los pilares anteriores fue realmente un
desarrollo de la propia personalidad. Ya no sólo te co‐
municas con tus propias palabras, sino con toda tu
personalidad. Cada persona desarrolla su propio
estilo. ¿Puedes reconocer lo que ya está bien desarrol‐
lado? ¿En qué áreas puede tal vez flaquear en caso de
emergencia? ¿Qué es lo que te hace más poderoso y
qué lo que te hace más débil?

La honestidad despiadada hacia ti mismo tam‐
bién es un requisito previo para seguir
desarrollándote. Ahí es precisamente donde reside tu
propia ventaja.

Por tanto, el criterio clave de la comunicación es la verdad.

Sin embargo, esto no significa que debas acosar im‐
placablemente a los demás con franqueza o contar a
tus colegas detalles íntimos. Nunca debes contar a
todo el mundo todo lo que ocurre en tu interior. Es
importante decir siempre la verdad. Esto también in‐
cluye hablar de cualquier cosa que creas que va mal.

Sin embargo, si puedes hacerlo, debes asegurarte de que no perjudica a nadie. Si esto no es posible, es mejor callarse. Siempre debes esforzarte por comunicarte abierta y honestamente. Sin hacer de compañero de nadie, este tipo de comunicación se percibe como amistosa. Por tanto, la tarea consiste en comunicar una actitud positiva y crear una situación en la que todos salgan ganando. Sin embargo, esto no significa que te convenzas a ti mismo de que tienes una actitud positiva, aunque en realidad estés engañando al empleado. Siempre es importante tener en cuenta que un empleado es humano.

Comunicación emocionalmente competente

El quinto pilar, el pilar de la comunicación, es el vínculo entre el intelecto y la emoción. Así pues, cuando se trata de necesidades y sentimientos, la gente debe hacer una cosa por encima de todo: ¡pensar! Ahora puedes pensar que esto suena muy extraño, porque antes te predicaba que debías dar rienda suelta al amor y a la pasión y ahora, de repente, debes pensar. El hecho es que los humanos somos capaces de pensar y sentir al mismo tiempo. Pruébalo y verás que realmente funciona.

Las personas que piensan mientras sienten son capaces de utilizar otras habilidades, como las de comunicación y negociación. Los que lo consiguen verán que esto tiene un efecto positivo en el estado emocional de todos los interlocutores. Es importante que los sentimientos y las necesidades se comuniquen en el plano de los hechos. De este modo, el nivel relacional se convierte en el contenido del nivel fáctico.

Algunos temerán ahora que esto sea despertar a perros dormidos, pero no es así en absoluto. El hecho es que los demás no pueden jugar contra ti las cartas que has puesto sobre la mesa.

Quizá tú también lo hayas experimentado. La temperatura ambiente ha bajado espontáneamente a 20 grados, pero ni siquiera sabes qué ha ocurrido. ¿Qué debes hacer en este momento? La respuesta es: simplemente abordarlo. Por desgracia, en la vida cotidiana, muchos empleados y directivos experimentan lo contrario de la competencia emocional. No siempre es fácil reconocer el estado de ánimo de otras personas. Es más, a algunos directivos les resulta difícil verbalizar esta situación de forma constructiva. Por un lado, están los que simplemente se callan. Por otro lado, están los que lo asumen todo de forma muy dolorosa. Está claro que ninguna de las dos cosas ayuda a nadie. No te llenas a nivel emocional. Por tanto, la necesidad de hambre sigue sin satisfacerse porque no ha habido resolución. Y de nuevo, sólo hay una cosa que ayuda: abordarla.

Desgraciadamente, mucha gente tiene miedo de causar aún más problemas, lo que hace que muchos directivos se echen atrás. La consecuencia de esto es que empiezas yéndote por las ramas durante mucho tiempo y acabas soltando cosas sin control.

También ocurre que la mayoría de los directivos temen los detalles concretos, sobre todo cuando se trata de la retroalimentación. Sin embargo, retener la retroalimentación es una distorsión más estresante. Cuando un directivo no da feedback, el empleado lo asumirá. Independientemente de lo que haga o deje de hacer el directivo, el feedback se interpretará como todo. Entonces surgen preguntas como: "¿Qué tienes realmente contra mí?". Un empleado tiene una necesidad constante de estructura y, por tanto, siempre está buscando feedback. Un directivo sólo puede evitar esta especulación involuntaria si abre la boca y dice lo que le molesta.

La comunicación emocionalmente competente explicada en seis pasos

En realidad, un gestor puede y debe abordarlo todo, teniendo cuidado de no herir a la otra persona. Hay algunas reglas que debes seguir. Con ellas, puedes aprender a hablar de tus sentimientos y de los de tus empleados sin ofenderles ni hacerte vulnerable.

Es importante que el directivo dé siempre el primer paso. Quien siempre haya jugado limpio en el pasado y haga el primer movimiento, se asegurará de que el empleado siga su ejemplo. Si no lo consigue, tendrá que jugar unas cuantas rondas más. Así que siempre es el directivo el que se lleva los puntos de penalización en sentido figurado, porque al fin y al cabo su trabajo es dirigir. Así que si el empleado no sigue el ritmo, es señal de que has hecho algo mal y tienes que volver a empezar. Las razones por las que un empleado no sigue el ritmo suelen ser el ritmo excesivo del liderazgo o la falta de protección. Como directivo, siempre debes ir un pasito por delante y mostrar cómo se hace. Los pasos que des son invitaciones para el empleado. Sin embargo, tampoco pasa nada si un empleado se detiene durante un tiempo y realmente no se atreve a dar el siguiente paso.

Un consejo para todo directivo: da siempre un paso adelante. Así podrás mostrar al empleado lo que puede esperar. Tal vez esté allí la próxima vez. De este modo, habrás logrado el éxito. El llamado campo de juego de la comunicación emocionalmente competente comprende seis pasos, que también se dividen en tres fases. Éstas te muestran en qué pilar de poder te encuentras actualmente.

Abrir el corazón del otro: el potencial de poder de la firmeza y el amor

Esta es la primera fase, que es la base de toda comunicación.

1) Muéstrate dispuesto a hablar.

2) Expresa tu agradecimiento.

Explorar los paisajes emocionales: el potencial de poder del autocontrol y el conocimiento

En la segunda fase, les dices qué es exactamente lo que va mal.

3) Da tu opinión.

4) Habla con tu intuición.

Asumir la responsabilidad: el potencial de la ética y la pasión

La tercera fase consiste en asumir la responsabilidad de tus errores.

5) Nombra tus propias acciones y discúlpate.

6) Señala tu disposición al cambio.

Resumamos una vez más:

• La comunicación nos muestra nuestro desarrollo personal.

• La verdad es el criterio clave de la comunicación.

• La comunicación benevolente y poderosa es importante para los directivos.

• Hay que perfeccionar las habilidades de comunicación en general.

• Tu propio mundo interior se refleja en el exterior a través de la comunicación.

• Demuestra de qué estás hecho.

• Aquí está bien desarrollada la propia individualidad, que proporciona independencia.

• Tienes una gran capacidad de comunicación y conocimiento de idiomas.

• Has encontrado tu voz en el sentido más amplio de la palabra y puedes utilizar el poder de la palabra.

• Se reconoce lo que está escrito entre líneas.

• El hilo conductor puede encontrarse incluso cuando la información es inabarcable.

• Existe una gran capacidad de aprendizaje y concentración, que sacia la sed de conocimientos.

• Los verdaderos ganadores son los directivos que tienen un pilar estable de comunicación.

12.9 CONOCIMIENTOS

Con el potencial de mercado del conocimiento, una persona es capaz de reconocer la verdad en los acontecimientos. Estar en posesión de la información correcta abre las puertas a la sabiduría. Y como no podía ser de otro modo, aquí también actúan dos fuerzas polares: la clarividencia y la ceguera.

Este pilar nos permite reconocer pautas, estructuras y ritmos en nuestro entorno. Podemos ver a través de las ilusiones que impiden nuestro crecimiento personal. Con este potencial de poder, los humanos somos capaces de hacer conscientes las cosas no evidentes. Podemos ver lo que es invisible, es decir, las cosas que otros intentan ocultarnos. Podemos escuchar lo inaudible, podemos percibir lo que resuena entre líneas. Podemos captar lo que nos parece intangible. Podemos sentir lo que está en el aire.

Por otra parte, está la ceguera. Ésta tiene varias gradaciones. Por tanto, es posible que la visión se vuelva borrosa o distorsionada. Las personas pueden ser miopes o no reconocer lo que tienen delante de la nariz. Las personas que han desarrollado este potencial de poder tienen lo siguiente:

- Capacidad de concentración
- Imaginación
- Apertura a nuevas ideas
- Fantasía
- Energía creativa
- Sabiduría

- Intuición
- Claridad de pensamiento
- Confianza en ti mismo.

El chakra del entrecejo, es decir, el pilar del conocimiento, permite estar atento y percibir las cosas conscientemente. También son posibles las percepciones intuitivas y el autoconocimiento. Con este potencial de poder, experimentas esos momentos en los que realmente abres los ojos por primera vez.

Un líder cuyo pilar de conocimiento está bien desarrollado está capacitado para saber quién es realmente. Se encuentra el camino personal con respecto a su propia vida en su profesión o vocación.

Si este pilar es fuerte, se despierta la capacidad de visualizar vívidamente objetivos abstractos, lo que te permite desarrollar una visión para el curso ulterior de tu carrera y de tu propia vida. También eres capaz de reconocer las ilusiones o engaños. Las apariencias y distracciones mundanas y fugaces quedan atrás. Los pensamientos son tranquilos, claros y centrados en los objetivos personales. Los aspectos opuestos se reconcilian y cooperan entre sí. Son el inconsciente y el consciente, así como el intelecto y la intuición. Esto también se conoce como estar en el lugar adecuado en el momento adecuado para hacer lo correcto.

El enemigo del conocimiento es la ilusión. Una persona está expuesta a problemas considerables relacionados con el pensamiento cuando el potencial de poder del conocimiento está bloqueado o incluso debilitado. El pensamiento claro necesario para llegar a conclusiones significativas es el más perjudicado. Sin embargo, esto no significa que los afectados sean estúpidos, sino que su inteligencia personal y su potencial analítico no pueden utilizarse plenamente. Esto afecta sobre todo a las personas muy inteligentes e imaginativas. Sienten que en realidad hay mucho más en ellas, pero son incapaces de expresarlo. La columna poco desarrollada se caracteriza por problemas de concentración y dificultades de aprendizaje. Parece como si no hubiera suficiente energía disponible cuando una persona se encuentra en estado de bloqueo. Tienen grandes dificultades para aferrarse a sus pensamientos esenciales. En este estado, los pensamientos saltan de un lado a otro. Lo mismo ocurre con la atención. No sólo se ven afectadas negativamente las capacidades intelectuales, sino también la imaginación. Por desgracia, los afectados rara vez son conscientes de este problema. El ir y venir de los pensamientos y las asociaciones aleatorias se confunden con la creatividad.

No es raro que la persona afectada pierda aquí el hilo conductor. El directivo se preguntará entonces, por ejemplo, cuál es su tarea o quién es responsable de qué. En este estado, se instala un sentimiento de falta de dirección. La persona afectada siente entonces una falta de propósito y adopta una posición de menos-menos. También pierde el rumbo en el trabajo y en la vida. También es posible que los bloqueos masivos se manifiesten aquí como miedos poco claros. Éstos pueden incluso convertirse en delirios.

El conocimiento es poder, ¿no? ¿No saber nada es poder? Dejemos estos dos dichos inseguros donde deben estar, es decir, en la pubertad. El conocimiento es poder, ¡la información! La información es poder, ¡el poder de la información!

Las personas que disponen de información pueden iniciar o impedir diversos acontecimientos. La información también puede considerarse una cura para la ignorancia. Nos guía a través de la vida laboral cotidiana, que a veces puede compararse con una jungla.

Sin embargo, también hay una trampa. Incluso en una era de la información en la que el conocimiento se duplica cada dos años, puede ser difícil encontrar información. En el pasado, tenías que buscar para encontrar algo. Por tanto, la información era escasa. Pero incluso hoy seguimos teniendo que buscar. Sin embargo, nos enfrentamos a un enorme pajar de información fragmentada y falsa. El dicho "buscar una aguja en un pajar" describe perfectamente esta situación. Por desgracia, a menudo se hace un mal uso de la información para controlar algo o a alguien. Por ejemplo, mediante la desinformación o la propaganda. Se trata de un intento de manipular a masas enteras. Aquí se pervierte el conocimiento.

El conocimiento tiene un efecto completamente distinto cuando se apoya en los pilares anteriores. Por ejemplo, si combinas el poder del conocimiento con el poder del amor, transmitir información sirve para dar más poder a una persona. Los conocimientos psicológicos y las habilidades emocionales mejoran las relaciones. El ambiente en el lugar de trabajo se caracteriza por la apertura y la confianza.

Los que ya hayan pasado por los potenciales de poder anteriores estarán encantados de liberar el poder del conocimiento para sí mismos y para sus empleados.

Las cuatro formas de conocimiento

En nuestra sociedad, el conocimiento se percibe y se comunica de forma unilateral. Por tanto, la única fuente de conocimiento es la investigación científica. Sólo las mujeres tienen intuición. La sabiduría es cosa de viejos. Y los llamados chiflados tienen visiones.

¿Crees que es así o también que esta actitud suena más a ignorancia?

Echemos un vistazo a lo que ocurre con el conocimiento. La ciencia no es en absoluto la única solución verdadera, porque el conocimiento tiene muchas formas distintas.

• Ciencia
• Intuición
• Sabiduría
• Visión.

Cada una de estas cuatro formas tiene su propio enriquecimiento y valor. Un líder necesita tener acceso a las cuatro cualidades del conocimiento. Hay que encontrar un equilibrio saludable para ser verdaderamente poderoso. Quienes sólo desarrollan una de estas formas aprenden a categorizar la ignorancia. El poder sólo surge de las cuatro formas de conocimiento. El ser humano tiene entonces un pensamiento mecanicista. Éste funciona en las relaciones de causa y efecto (ciencia). Las relaciones complejas se comprenden intuitivamente (intuición). Aprender de la experiencia es posible gracias al conocimiento histórico (sabiduría). Las personas también tienen visiones que les muestran el camino hacia el futuro.

Juntas, estas cuatro formas constituyen el conocimiento.

La ciencia

Ésta es probablemente la forma de conocimiento más conocida. Imagina simplemente la ciencia como una cámara que hace fotos de la realidad. La información se recoge metódicamente, los fenómenos se estudian cuidadosamente y se registran las formas en que aparecen y funcionan. También se considera la principal fuente de lo que la gente considera cierto y seguro. En la actualidad, toda la información científica se ha convertido en un enorme cúmulo de conocimientos, de modo que incluso un experto apenas puede orientarse. ¿Realmente podemos seguir hablando aquí de ciencia? Hay especialistas para todo y para cada área. Profundizan y sacan a la luz detalles apasionantes. La única cuestión es quién debe llevar la cuenta de todo.

El análisis de la información en pocas palabras
El autor:

¿Quién es y cuál es su posición política, profesional, social o empresarial?

Información: Dices algo:
¿Cuál es el tema central?

- Preguntas
- Mensajes clave
- Términos centrales
- Definición de
- Palabras clave.

Por qué: ¿Qué quiere el autor?

- Intereses
- Intenciones
- Motivos.

Cómo:

- ¿Qué formas de argumentación se utilizan?
- ¿Qué medios lingüísticos se utilizan?
- ¿Qué recursos estilísticos se utilizan?
- ¿Qué medios de manipulación se utilizan?

Dónde:

- ¿Qué rutas de transporte se utilizan para enviar información?

<u>El destinatario:</u>

A quién:

- ¿A quién se dirige el autor?
- ¿Por qué se tiene en cuenta la información?
- ¿Qué conocimientos tiene el destinatario?
- ¿Escuchas sin prejuicios?

Con qué efecto:

- ¿Qué opina la gente de la información?
- ¿Cómo se evalúa el contenido?
- ¿Cómo se evalúa el moho?
- ¿En qué medida me influye mi comprensión?

La intuición

Aquí también se proporciona información, pero no con tanta precisión como en la ciencia. Sin embargo, la intuición también es una fuente indispensable de conocimiento. También es el criterio clave del conocimiento. La intuición es indispensable debido a dos características insustituibles.

1) Es rápido

A veces tienes muy poco tiempo para comprender lo que dicen los demás, formarte tu propia opinión y reaccionar ante ello. Si no eres capaz de intuir, estarías indefenso en tal caso.

2) Es holístico

Se visualiza el curso de los acontecimientos. Esta intuición holística te da rápidamente una imagen de una persona y te permite saber si encajará en el equipo. También te permite saber qué escollos evitar en las negociaciones, por ejemplo. También eres capaz de reconocer la trampa de un proyecto. La gente necesita la intuición para poder orientarse. En general, puede explicarse como un proceso subjetivo de reconocimiento.

Éstas son las características de las realizaciones intuitivas:

- Aparición espontánea
- Holístico
- Pictórica
- Comparece inmediatamente
- Son coherentes.

Por tanto, las personas pueden reconocer algo esencial, aunque no sepan por qué. La intuición también es indispensable para las tareas de diagnóstico. Es impresionante cuando puedes experimentar la precisión de una persona intuitiva.

En el lenguaje común, esto también se conoce como intuición. En realidad, se trata de un término muy engañoso, porque en realidad no se trata de una percepción puramente emocional. Si así fuera, la gente sólo tendría un presentimiento:

- Miedo
- Luto
- Coraje.

Pero el hecho es que tenemos una corazonada. Sabemos que algo va mal. Por supuesto, esta corazonada siempre está vinculada a los sentimientos. Existe una conexión entre la percepción personal y la intuición, porque los sentimientos siempre están implicados. Puede parecer lógico, pero es demasiado miope. Los sentimientos que percibimos tienen la tarea de servir de mediadores. También podría decirse que son los carteros. La carretera por la que viajan estos carteros es nuestro cuerpo. Y nuestro cerebro es el buzón en el que se deposita la información.

Una vez que esto ha ocurrido, se produce una reacción inmediata. Sin embargo, esto elude la mente consciente, porque la información se utiliza de forma intuitiva e inmediata, pero no se comprueba cognitivamente.

Por lo tanto, a menudo sólo permanece en la conciencia la experiencia emocional. Se concluye que se trata de sentimientos que pertenecen a las entrañas, lo que popularmente se describe como un sentimiento visceral.

El hecho es que todos los sentimientos se originan en las tripas, pero no se quedan ahí. Se propagan. Puede que reconozcas las siguientes expresiones:

• Tengo las rodillas débiles.

• Tengo un nudo en la garganta.

• Me corre el sudor por la frente.

Estos son tres ejemplos que ilustran que ha llegado el cartero. Surge la ansiedad. Ahora se enciende nuestra mente consciente, porque tenemos que considerar si debemos estar alerta. Sin embargo, esto lleva demasiado tiempo. Un hombre prehistórico habría sido devorado por un tigre dientes de sable hace mucho tiempo. Por eso hemos desarrollado un programa de pensamiento mucho más rápido y, sobre todo, inconsciente.

¿Has oído hablar alguna vez del tercer ojo? Porque eso es la intuición. Estamos hablando del chakra de la frente. En pocos segundos, surge allí mismo una imagen interior de la situación. Se trata de una imagen mental espontánea, sin que nadie te diga lo que tienes delante.

Por tanto, la intuición no es una corazonada, sino el poder de nuestra mente. Funciona de forma prelingüística. Funciona muy espontáneamente en imágenes enteras o en edificios emocionales.

¿Sabías que la mayoría de las decisiones de gestión son en realidad decisiones intuitivas? En retrospectiva, luego se respaldan con razones bien meditadas. Nuestra intuición percibe cosas que nuestra mente aún desconoce.

La sabiduría

Ni siquiera esto tiene la exactitud de la ciencia. Pero es igual de indispensable para nuestro conocimiento. También puede compararse a una conciencia histórica. La sabiduría es, por tanto, un conocimiento de lo que ya ha sido. Basándose en este conocimiento, las personas pueden hacer predicciones eficaces sobre el futuro. Si no hemos progresado con determinados comportamientos, tampoco los adoptaremos en el futuro, porque como todos sabemos, aprendemos de nuestros errores.

Pero el hecho es que no necesariamente tienes que cometer todos los errores tú mismo. También puedes aprender de los errores de los demás. Si no cambias tu comportamiento, seguirás cometiendo errores en el futuro. Puedes aprender de la sabiduría qué factores debes cambiar. Al fin y al cabo, la gente ha tenido éxito en el pasado. Por ejemplo, si alguien que conoces ha superado un reto, puede servirte de modelo.

Considera este conocimiento del pasado como un tesoro muy valioso. Si ya no se recuerda, se perderá. Llegados a este punto, un científico se plantearía cómo encontrar una solución al problema. Si quieres adquirir competencia de liderazgo, tienes que esforzarte por observar las siguientes áreas:

- Tu propio entorno
- La política
- La historia
- Conocimientos psicológicos.

Si observas todas estas áreas, cada día serás más sabio y adquirirás una experiencia que vale su peso en oro. Los directivos de más edad suelen ver este conocimiento como un alivio. Pero, por desgracia, la experiencia, la sabiduría y la intuición se valoran de forma diferente. Por ejemplo, si una empresa no acepta empleados mayores de 50 años, se priva de una fuente de poder.

La visión

Este conocimiento proporciona a las personas información en todas partes sobre lo que tienen delante. A las personas se les muestra su camino personal en la vida. Esto puede ocurrir a través de los sueños, por ejemplo, o en forma de clarividencia.

Intenta imaginar una membrana que te permita verte a ti mismo y a tu propio futuro. Como todas las personas son diferentes, esta membrana también es diferente para cada uno. Para una persona es muy transparente, para otra es impenetrable, casi como un muro de hormigón. Esto es una gran pena, porque significa que tienes que dar muchos rodeos. Por eso, si tienes una membrana bastante transparente, es menos probable que te pierdas.

- Pero, ¿adónde quieres ir realmente? ¿Cuál es tu objetivo?
- Los directivos encuentran respuestas a estas preguntas con mayor o menor intensidad.
- Hago lo que se me pide. Alguien me lo dirá.
- Tengo objetivos a corto plazo. Este año estoy ultimando un proyecto.
- Veo el objetivo a largo plazo de mi trabajo de gestión en esta organización.
- Veo el propósito de mi función de liderazgo fundamentalmente en ...
- El sentido de mi vida es ...

No importa el nivel de intensidad que sigas. El camino individual son siempre cuatro pasos que conducen al éxito.

Paso 1:

La pregunta aquí es: "¿Cuál es el significado de quién eres y de lo que haces?".

Responde a esta pregunta en el quinto nivel de

intensidad. Remítete a tu humanidad y pregúntate cuál es el propósito de tu vida.

Sin embargo, también puedes responder a esta pregunta en el tercer nivel de intensidad preguntándote cuál es el objetivo de tu gestión en tu empresa, es decir, qué se supone que debes hacer allí.

El 95% de los directivos fracasan en este paso. La razón es que nunca se plantean esta pregunta o buscan la respuesta en el exterior, por ejemplo conduciendo un coche espléndido. Estas personas están preocupadas por sí mismas y por dar un buen espectáculo a los demás. No les preocupa aquello por lo que se les paga, es decir, dirigir a los empleados. En este caso, están preocupadas por su propio narcisismo y, por tanto, necesitan volver a la estabilidad.

Me gustaría hacerte algunas preguntas más para inspirarte:

- ¿Cuál es el objetivo de tu liderazgo?
- ¿Cuáles son tus tareas?
- ¿Qué camino sigues como directivo?
- ¿Qué camino sigues como persona?
- ¿Qué puntos crees que se han abordado?
- ¿Pones todo tu corazón en ello?

El primer paso sólo se ha dado cuando puedes responder realmente a estas preguntas por ti mismo. Sólo puedes darte a ti mismo las respuestas. Tómate tu tiempo para responderlas. A veces se necesitan muchos años para encontrar una respuesta. También es mejor revisar las respuestas anualmente y adaptarlas a tu propia etapa de desarrollo. El hecho es que las respuestas cambiarán con cada etapa de desarrollo.

Paso 2:

Ya no se trata de pensar en ti y en tu papel. Ahora tienes la tarea de hacer lo que has realizado. Así que vive tu objetivo, porque te alimenta. Así que este paso es muy pragmático y material. También podría decirse que estás convirtiendo tu vocación en una profesión. Este conocimiento también está lingüísticamente presente en el ámbito teológico. La cuestión aquí no es cuándo decides hacerte sacerdote o monja, sino cuándo has escuchado la llamada. Así que escucha tu propia llamada (paso 1). Una vez que la hayas oído, debes seguirla (paso 2). El secreto del éxito es hacer de esta llamada tu profesión. Si consigues expresar lo que te satisface emocionalmente y a lo que te dedicas de todo corazón en tu trabajo, ya has dado el segundo paso.

Así que ahora vive el sentido de tu vida de tal manera que pueda nutrirte. Asegúrate de comprender esto no sólo espiritualmente. Nadie debe vivir del aire y del amor, sino también materialmente. (Quinto grado de intensidad)

¿Cómo puedes enfocar tus tareas para que te nutran a ti y a tus empleados? ¿Qué tienes que hacer para que tu empresa tenga éxito y para que tus empleados tengan trabajo a largo plazo? ¿Qué tienes que hacer para conservar tu puesto directivo?

Cumple tu función de liderazgo y desarróllate a ti mismo y a tus empleados. De este modo, se pueden aprender todas las áreas del ser: pensar, actuar y sentir. (Tercer nivel de intensidad)

Paso 3:

El primer paso fue reflexionar sobre uno mismo y su propio papel, el segundo paso fue poner en práctica las conclusiones. El tercer paso consiste ahora en asegurar este camino para que no vuelvas a desviarte de él. Así que ahora crea una medida de evaluación para todo en tu vida cotidiana o en tu gestión diaria. Esto debería ayudarte a comprender si debes seguir persiguiendo algo o no. Esta medida se deriva del objetivo y propósito que identificaste en el paso 1. Así que si algo o alguien sirve al objetivo, también deberías utilizar estas opciones, si no, simplemente déjalo estar.

En realidad, suena sencillo, ¿verdad? Aquí está el truco: la teoría parece sencilla, pero la práctica no lo es. Es importante ser coherente, porque a veces no puedes distinguir el camino del camino equivocado. Nadie sabe cuáles son sus propias tareas de aprendizaje. Mantente siempre alerta para no desviarte del camino.

Mide todo lo que encuentres en la vida en función de tu propósito en la vida. Si sirve a tu propósito en la vida, debes seguirlo. Si no sirve a tu propósito en la vida, no lo sigas. (Quinto grado de intensidad)

Mide todo lo que encuentres en tu trabajo diario con respecto a tu punto de referencia, es decir, el objetivo de tu propia función de liderazgo. Si sirve a tu objetivo, aprovecha la oportunidad. Si no lo hace, ya no necesitas prestarle atención. (Tercer nivel de intensidad)

Paso 4:

Ahora no necesitas hacer nada, excepto disfrutar del milagro de tu éxito. También podría decirse que ahora puedes recoger los frutos. Si te has ceñido a los tres primeros pasos y no te has desviado del camino, tendrás éxito. Si continúas siguiendo estos pasos, seguirás teniendo éxito, tanto privada como profesionalmente.

Si te has extraviado, vuelve rápidamente, de lo contrario estarás viviendo en pecado. Si nos fijamos en la definición cristiana de pecado, no significa otra cosa que extraviarse.

Aquí tienes dos ejemplos:

- El estatus por el estatus.
- Cosas materiales sólo por el deseo de tener.

Ambos son pecaminosos y sólo sirven a fines egoístas. Si esto no te ayuda, sabrás que éste es el camino equivocado y que ahora debes encontrar el camino de vuelta a ti mismo. (Quinto grado de intensidad) Nunca te dejes seducir por promesas vacías y éxitos rápidos. Quieres el éxito a largo plazo, no sólo a corto plazo. Por tanto, es importante que tomes el camino largo, ya que es saludable y también conduce al éxito.

Resumamos brevemente una vez más:

- El conocimiento necesita su propio pequeño profesor en acción.
- La intuición es el criterio clave del conocimiento.
- El conocimiento es indispensable para los directivos.
- Los conocimientos deben actualizarse

constantemente

- Ciencia, intuición, sabiduría y visión son las cuatro formas que componen el conocimiento.

- Estás en el lugar adecuado en el momento adecuado con la intervención adecuada.

- Se reconocen los signos de los tiempos y se responde a ellos con profesionalidad.

- Se encuentra el camino privado y profesional en la vida.

- Tienes pensamientos claros y tranquilos.

- Céntrate en tus objetivos.

- Este potencial de poder convierte la profesión en una vocación.

- Los verdaderos ganadores son los directivos que llevan dentro un pequeño profesor inteligente.

12.10 ÉTICA

¿Qué es sagrado para ti? La conciencia que tienen las personas de los valores superiores de la humanidad revela su ética. Los valores superiores son, por ejemplo, la justicia y el respeto. Los que realmente se vuelven hacia estos valores superiores están en armonía consigo mismos. Como en los otros seis pilares, de nuevo hay dos fuerzas polares que se oponen: La unidad y la dualidad. El objetivo espiritual más elevado es la unidad. Sólo cuando una persona haya comprendido realmente que no existe separación entre ella misma y los demás, se sentirá integrada en su vida cotidiana. Es precisamente esta unidad por la que la gente lucha con gran fervor. En los llamados momentos de felicidad, las personas se sienten como si realmente estuvieran en armonía con la naturaleza. La naturaleza del hombre es lo que es. Nos juega una mala pasada y el estado de felicidad vuelve a disolverse. Los que son arrojados de nuevo a la dualidad creen que su destino es una naturaleza dual. Si es así, las personas se distancian de los demás, pero también de sí mismas. El poder de la ética nos proporciona una norma para nuestras acciones cotidianas. La ética nos da fe y esperanza en el bien de las personas. Esto ocurre incluso cuando está poco desarrollada. A través de la ética, experimentamos el apoyo que necesitamos para desarrollar esta bondad en nosotros mismos, pero también en otras personas. Esto nos da un punto de vista sobre las cosas y una sensación de serenidad. Las personas son entonces capaces de dejar que las cosas sigan su curso sin tener que alterarse por ellas. Cuando ocurren acontecimientos perturbadores, somos capaces de mantener la calma, pensar con claridad y ver lo que ocurre a nuestro alrededor sin dejarnos manipular por los demás. A través de la ética, sentimos el poder que no se relaciona con las cosas materiales.

Las personas cuyo potencial de poder ético está desarrollado de forma estable disponen de las siguientes cosas:

- Satisfacción
- Sentimiento de conexión
- Autorrealización
- Poder espiritual
- Espiritualidad
- Paz profunda
- Serenidad irrefutable.

Los líderes cuyo pilar ético está bien desarrollado sienten una profunda sensación de paz. Este maravilloso sentimiento de estabilidad y armonía también puede transmitirse a los que te rodean. En consecuencia, eres una fuente de fuerza e inspiración para otras personas o para tus empleados. El séptimo pilar es el pilar de la meta, de la culminación y la perfección.

A medida que atraviesas los siete pilares, se despierta tu propio potencial de poder. Todo ello puede compararse a una planta que está bajo la tierra oscura y crece hacia la luz. La conciencia humana se ha liberado de las cualidades animales de los tres primeros pilares, que están impulsados por los afectos. Los dos pilares de conexión (amor y comunicación) han sido atravesados. Al final, llegamos al punto más elevado, la ética, a través del pilar reflexivo del conocimiento. Cuando todos los pilares están bien desarrollados, la persona o el directivo ha adquirido verdadero carisma.

El enemigo de la ética es el seguidor. Se siente una carencia que no se puede captar ni comprender si el pilar de la ética sólo está débilmente desarrollado. Esto es especialmente evidente en la falta de alegría de vivir. Permanece un sentimiento de vacío e insatisfacción, aunque todas las condiciones externas parezcan correctas. Y es precisamente este sentimiento el que puede conducir a estados de ánimo depresivos. En los peores casos, este sentimiento también puede convertirse en agotamiento mental. La persona siente que hay un vacío en su interior, pero no sabe dónde ni por qué. También puede decirse que existe un punto ciego en la conciencia. A menudo se supone que esta carencia se debe a una deficiencia material o de salud. En ese momento, se intenta compensar la carencia interior desde el exterior. Sin embargo, el sentimiento de insatisfacción permanecerá. Siempre tiene que ser más, porque aparentemente mucho ayuda mucho. Sin embargo, la única consecuencia de esto es que acabas viajando por caminos torcidos. Se intenta constantemente satisfacer la codicia material. Además de las mentiras, la manipulación también forma parte del quehacer diario. Los llamados juegos de poder se justifican entonces con el lema "el fin justifica los medios". A esto siguen frases como: "No puedo salvar el mundo yo solo".

En una actitud de más-menos, la ética también puede fingirse pervertida. Esto no es verdadera ética. Pero se sigue vendiendo como tal. Un directivo intentará entonces imponer su propia ética a los demás. Sólo ellos son el centro de atención. Nunca dejará de lado sus convicciones, lo que hace que ese directivo parezca insensible y egoísta ante los demás.

Sin embargo, en la otra cara de la moneda de la falsa ética vive un recluso espiritual. La persona se vuelve ajena al mundo y se retrae. No se trata sólo de una evasión de la realidad, sino de un desapego totalmente exagerado. También podría decirse que la persona se aleja y deja de interesarse por las cosas terrenales.

La forma en que se manifiesta un bloqueo en el pilar de la ética depende siempre de tu propia actitud interior. Algunos tienen una actitud de menos-menos y no quieren tener nada más que ver con los demás, mientras que otros incluso estarían dispuestos a vender a alguien cercano si ello les ayudara a avanzar. Aquí prevalece una actitud plus-minus.

También están los que tienen una actitud de menos a más y hacen lo que hace todo el mundo: "Así son las cosas. ¿Qué otra cosa puedes hacer?"

Cuando hablamos de ética, también nos referimos a la moralidad. Se trata de actuar con responsabilidad. Esto corresponde siempre a la propia actitud básica en la vida profesional. Esta norma de comportamiento se deriva de la responsabilidad para con la empresa, el equipo y cada uno de los empleados.

¿En qué crees cuando se trata de la gestión de empleados? ¿Qué defiendes? ¿Cuál es tu credo? Éstas son las preguntas básicas. Aquí es donde se unen el pilar de la firmeza y el pilar de la ética. En otras palabras, también se podría decir que ahora se completa el círculo. De modo que si la ética de una persona está desarrollada, esto se reflejará en su firmeza, en lo que defiende.

Por tanto, es lógico que cada directivo tenga una norma ética de comportamiento diferente. Hay muchos directivos que no tienen ética o la desconocen, mientras que otros dirigen a su equipo de forma ejemplar.

Los directivos y su ética

Incluso un directivo es sólo humano y, por tanto, no es mejor que nadie. En su función profesional, sin embargo, tiene mayor influencia. La incompetencia, la negligencia y la falta de escrúpulos tienen aquí un impacto mucho mayor. Independientemente de que un directivo se sienta culpable o no, siempre debe rendir cuentas. Si esto no ocurre, por ejemplo, un directivo se convierte en autor de injusticias, luego toma un camino completamente equivocado y se convierte en un seguidor. Entonces se unen a la fiesta del comportamiento indigno. Las limitaciones aparentes se oponen a los argumentos críticos. Las circunstancias no pueden cambiarse, las opiniones están cimentadas o un directivo debe seguir necesariamente ciertas leyes. Si esto fuera realmente así, no se llamaría liderazgo, sino debilidad consecuente. A menudo se debe a falta de imaginación, pereza o corrupción. Lo primero que hay que hacer es restablecer la libertad de opinión, la libertad de decisión y la libertad de acción cuando un directivo está incapacitado.

Hay mucha presión en el día a día de los negocios. Sin embargo, esto no debe ser motivo para dejar de lado la previsión empresarial. Si así fuera, te comportarías como un leñador que tiene que trabajar con una motosierra desafilada y alega que no tiene tiempo para comprar una motosierra adecuada porque tiene que cortar leña. Hay dependencias, por eso es importante una actitud ética por parte del directivo. Los empleados siempre dependen de su jefe. Por eso, si no hay una actitud ética básica, existe el riesgo de abuso de poder y explotación. Por tanto, el principio más importante del liderazgo debe ser no hacer daño. En consecuencia, la atención es el criterio clave de la ética.

Sólo puedes desarrollar una ética adecuada para ti mismo si eres consciente de tu papel hacia los demás y de la responsabilidad de tus propios actos.

Moralidad frente a ética
Se plantea la cuestión de cómo desarrollar una ética adecuada. También es necesario aclarar la diferencia

entre moral y ética. ¿Puede una persona prescindir realmente de la ética si tiene moral? ¿Puede una persona incluso renunciar a toda moral en favor de una ética bien pensada?

Recuerda los estados del ego: Las normas y reglas están almacenadas en nuestro ego paterno. Pero ésta no es nuestra ética, porque hemos adoptado las normas sin reflexionar. Son mandamientos y prohibiciones. También podría decirse que es la etiqueta de los directivos. Sin embargo, su contenido no procede de nosotros. Las personas que son importantes para nosotros fueron los proveedores de esto. Se trata principalmente de nuestros padres.

La moral, en cambio, es algo que se sigue. También es muy rígida. Es posible que una persona sea muy moral pero no tenga ética. En pocas palabras, esto significa que, para los moralistas, las personas están para las normas, pero no las normas para las personas. Las normas se consideran absolutas, lo que a su vez es fundamentalista.

Cuando hablamos de moral pura en la empresa, hablamos de obediencia de los cuadros al régimen. Sin embargo, esto es muy peligroso tanto para los trabajadores como para la empresa. Estas normas morales de comportamiento no se han reflexionado en detalle, por lo que la gente no tiene una opinión independiente sobre ellas. El pensamiento moral funciona en términos de "se debe" o "no se debe". Esto se denomina adaptación del yo infantil. Tampoco en este caso se ha examinado la moral existente y si las normas de comportamiento son realmente adecuadas.

El examen concienzudo del yo adulto es, por tanto, la clave de la ética. Por tanto, es necesario comprobar si determinados comportamientos, valores y actitudes son realmente adecuados.
La diferencia es que la moral es algo adoptado, mientras que la ética se desarrolla.

La ética autodesarrollada se promueve desde dos fuentes:

1) Se revisa el contenido que has adoptado de tu yo paterno y, si es necesario, se cambia. Por ejemplo, lees algo sobre la confianza en este libro. Al principio esto tiene sentido para ti. Hasta este punto, es moral. Luego aprendes que ganas algo confiando en los demás. Aquí es donde entra en juego tu propia experiencia vital. De este modo, un valor moral se convierte en una directriz ética.

2) Piensas sobre ciertos temas de forma independiente en el yo adulto. Al hacerlo, te desligas de todas las directrices. De este modo, se crea una nueva tecnología. Luego tienes que volver a pensar en ello para

Ante todo, las directrices de empresa también se consideran directrices morales. Para la persona que las redactó, se trata, por supuesto, de su propia ética. Para quienes se las presentan, es moral. Si los directivos y empleados las tratan y las adoptan como propias, estas directrices empresariales se convierten en la ética de aplicación general de la empresa. Sin embargo, si se descuida este proceso, estas directrices sólo existen sobre el papel. Nadie se siente obligado por ellas.

Las directrices vacías son especialmente contraproducentes en este caso. En muchas empresas puedes leer que los directivos son modelos a seguir. Sin embargo, esto no es una declaración de intenciones, sino un hecho. Aquí falta el componente ético y vinculante. Se plantea la cuestión de qué tipo de modelo de conducta son estos directivos. ¿Se esfuerzan realmente por ser un modelo positivo? ¿Es que acaso son un modelo positivo o negativo, según el tiempo que haga?

"El director de nuestra sucursal se compromete a trabajar de forma fiable. Siempre está al lado de sus empleados". Esa sería una directriz ética y vinculante.

El principal instrumento de control

Son juegos de poder. Un directivo intenta deliberadamente controlar el comportamiento de un empleado para sus propios fines. En otras palabras, se trata de una maniobra para intentar inducir a los demás a hacer algo. No se pide directamente y no se negocia abiertamente.

La desvalorización y la pura manipulación son los rasgos característicos en este caso. Los que juegan a juegos de poder quieren imponerse, tener razón, mantener el poder, ejercer influencia y salvar las apariencias. Estos juegos se practican para encubrir la vergüenza, la impotencia, la inseguridad o el desamparo. Los directivos que juegan a juegos de poder no son capaces de estar en paz consigo mismos. No están en paz consigo mismos y no pueden relacionarse adecuadamente con los demás. Por tanto, hacen un mal uso del entorno para su propio ego. Sin embargo, también ocurre que los empleados pueden jugar a este juego. Por tanto, puede decirse que hay tantos juegos de poder como personas.

Los juegos de poder pueden clasificarse de la siguiente manera:

• Todo o nada: Se trata de una variante desorbitada.

• Intimidación: Se utiliza el miedo, el temor a que

alguien tenga que sufrir algo.

• Mentiras: Aquí se aprovechan especialmente de las personas crédulas, se explota el miedo a la confrontación.

• Pasividad: Se utiliza como mecanismo de presión para conseguir objetivos personales y frenar también a la otra persona.

Cómo enfrentarse a los juegos de poder

Intentar superar un juego de poder con otro juego de poder es una idea muy poco inteligente. No es ético, por supuesto, y nadie llegará muy lejos. Puede que ganes una ronda, pero tu oponente se retirará para reunir fuerzas y estar mejor preparado la próxima vez. Por tanto, es importante utilizar tu propia fuerza para poner fin a un juego de poder. Sólo así encontrarás el camino de vuelta a la senda de la cooperación.

Lo primero que debes hacer es detener al jugador poderoso. Sólo tienes que decir "Alto". Si quieres perder más palabras, puedes decir: "¡Alto! Sé exactamente qué juego se está jugando aquí, pero puedo decirte que así no vamos a llegar a ninguna parte".

Donde hay un juego de poder, también hay una antítesis. Se trata de un desarme para neutralizar el juego de poder. Es un proceso de desarme. Es importante que esta antítesis nunca sea un buen plan, porque de lo contrario sólo se contrarresta con otro juego de poder y existe una amenaza de escalada. No se trata de practicar kárate a nivel verbal. El objetivo es ser capaz de comunicarse con los demás a un nivel respetuoso. Esto allana el camino para las negociaciones cooperativas.

Como siempre, las excepciones confirman la regla. Si el adversario está empeñado en apoderarse de todo, no hay forma de evitar una guerra, porque ¿de qué otra forma puedes conservar lo que te corresponde? Se trata de una situación de crisis. Y la ética es especialmente importante en tales situaciones.

La ética debe ser una norma de comportamiento firmemente anclada en tu sistema de valores, ya que sirve de escudo protector contra la manipulación. Esto hace que las personas sean inmunes a las tentaciones maquiavélicas.

Resumamos una vez más:

• La ética es nuestro escudo protector.

• La atención es el criterio clave de la ética.

• Cuando un directivo tiene responsabilidades, la ética es indispensable.

• A través de la ética, se percibe un poder que no se basa en las cosas materiales.

• Te mantienes por encima de las cosas cotidianas

con compostura.

• Se conserva la vista para lo esencial.

• Puedes sentir una profunda satisfacción a través del poder de la ética.

• Eres una fuente de fuerza para otras personas.

• Eres una inspiración para los demás.

• Durante los acontecimientos perturbadores, puedes mantener la calma, pensar y ver con claridad sin que los demás puedan manipularte.

• Se fomentan la estabilidad y la armonía en el entorno.

• Los verdaderos ganadores son los directivos con una ética estable.

Palabras finales/ Conclusión

Si has leído este libro hasta esta página, me gustaría darte las gracias, pero también felicitarte. Te has abierto camino a través de mucha información y te has mantenido firme. Sólo puedo felicitarte por tanta pasión y constancia.

Ten confianza en ti mismo, porque esto te permitirá despertar tu fuerza interior y llegar a tener éxito y ser poderoso. Los distintos potenciales de poder ya están dentro de ti. Quieren ser descubiertos, desarrollados y comprendidos.

El poder es la constancia.
El poder es pasión.
El poder es autocontrol.
El poder es amor.
El poder es comunicación
El poder es conocimiento.
El poder es ética.

Los que se han desarrollado bien en los siete pilares son poderosos.

Si quieres averiguar si eres un líder consumado, puedes hacer el siguiente test. Te deseo lo mejor para tu vida profesional y privada, constancia, pasión, autocontrol, amor, comunicación, conocimiento y ética.

□ ¿Estás completamente aplastado por algunos dichos?

→ Es necesario volver a la pasión.

□ ¿A veces no sabes qué demonio te cabalga?

→ Es necesario volver a la pasión.

¿Sigues atascado en callejones sin salida?

→ Vuelve al autocontrol.

□ ¿No soportas a algunos de tus compañeros?

→ Vuelve al amor.

□ ¿Simplemente no consigues transmitir tus ideas?

→ Vuelve a la comunicación.

□ ¿Te cuesta a veces decidirte?

→ Vuelve a los conocimientos.

□ ¿Tienes que doblegarte a las limitaciones externas a pesar de saber que no es así?

→ Vuelve a la ética.

Si el resultado aquí es que no eres perfecto, entonces sólo puedo felicitarte. Entonces: ¡Enhorabuena! ¡Eres un ser humano! El camino es nuestra meta. Si te apetece, puedes volver a recorrer los siete pilares.

Te deseo lo mejor en tu viaje.